여성 재소자의 정신건강

내일을여는지식 사회 25

여성 재소자의 정신건강

여성 재소자의 정신건강 상태와 정신건강 서비스 욕구

배다현 지음

한국학술정보㈜

머리말

요즘 외국에서 살다 온 사람들이 대단히 놀라는 것 중 하나가 한국에서의 괄목할 만한 여성 파워 현상이라고 한다. 특히 여성이 자녀 양육과 교육 및 자산 관리에 있어서 이처럼 절대적인 권한을 휘두르는 나라는 찾아보기 힘들다는 것이 그들의 공통된 이야기이다.

삼성경제연구소에서 발행한 보고서에 따르면, 사법시험 여성 합격자는 1996년 36명(7.2%)에서 2006년에는 375명(37.7%)으로 10년간 크게 증가했다. 행정고시 여성 합격자도 1996년 19명(9.9%), 2006년 104명(44.6%), 2007년 123명(49%)으로 늘었다. 외무고시 여성 합격자는 1996년 4명(9.8%), 2005년 10명(52.6%)으로 증가한 데 이어 2007년에는 무려 67.7%로 급등했다. 국내 대기업 세 곳 중 한 곳은 대졸 신입사원 선발에서 여성들이 남성들을 압도해 '남성 할당제'를 실시하고 있을 정도다. 반면 아내 대신 육아와 가사를 전담하고 있는 '전업 주부(主夫)'가 3년 사이 42.5%나 늘어 15만 명에 이른다.

이런 추세에 대해 유명 일간지의 한 칼럼니스트는 21세기에는

'여성 우위'를 넘어 '여성 독주' 시대가 올 것이라 말했다. 이렇게 사회의 각종 공신력 있는 기관들이 제시하는 수치를 증거로 들지 않더라도 여성에 대한 인식 변화가 우리 사회에서도 이미 오래전부터 진행되고 있다는 점은 그 누구도 무시할 수 없을 것이다.

한편, 사회 일각에서는 이러한 여성의 활발한 사회 진출과 함께 여성 범죄가 양적으로 증가하고 있고 질적으로도 다양화, 지능화되고 있다는 사실에 주목하고 있다. 여성의 주된 생활 영역이 아직까지는 가족으로 한정돼 있어, 범죄를 저지를 기회 자체가 남성보다 적고 사회화하는 과정 또한 순응하는 여성상이 많기 때문에 남성 범죄보다 그 비율이 낮을 수밖에 없지만, 여성의 사회, 경제 활동이 늘어날수록 범죄율도 높아지리라는 것은 짐작해 볼 수 있는 사실이다.

그러나 이러한 현실에도 불구하고 현재까지의 범죄 연구, 재소자들을 대상으로 한 연구는 주로 남성 범죄나 남성 재소자들을 대상으로 이루어져 왔으며, 여성의 범죄와 예방에 대한 연구는 상대적으로 활발히 이루어지지 않고 있었다. 재소자의 대부분을 차지하는 남성에 대한 기준들이 여과 없이 여성 재소자에게 적용되는 것은 분명 문제가 있다. 여성의 범죄율, 재범률이 증가한다는 것이 사회적 현실이고 사실이라면 여성의 범죄를 예방하고 이들이 건강하게 사회에 복귀할 수 있도록 돕기 위해서 여성 재소자들의 정신건강 상태를 확인하고 정신건강 서비스를 분석하여 교정 재활적 차원의 교육과, 서비스 그리고 제도적 장치 마련의 근거를 탐색해 보는 것은 여성 개인뿐만 아니라 사회적으로도 분명 중요한 작업이라 생각한다.

이에 본서는 여성 재소자들의 정신건강 상태 및 정신건강 서비스 욕구에 대해 저자가 수행한 조사연구를 바탕으로 하여, 여성 재소자들의 정신건강을 향상시키고 이들에게 제공되는 정신건강 서비스의 효과성 제고에 기여할 수 있는 방안을 분석, 제시하고자 하는 의도로 저술되었다.

책의 내용이 미흡하고 연구 속에 내재된 한계점도 있으나, 범죄자, 재소자라는 이유로 사회 구성원들 사이에서 비주류가 되고, 그들 중에서도 소수이며 여성이라는 이유로 비주류 속 비주류가 되어 온 여성 재소자들을 대상으로 한 연구 및 저술이라는 사실에 부끄럽지만 작은 자부심도 가진다.

내용상 오류가 있거나 저자가 잘못 이해하여 서술한 부분들이 있으면 언제라도 독자들께서 지적, 비판해 주실 것을 당부 드리며, 연구를 지도해 주신 한동대학교 신성만 교수님과, 출판의 기회를 주신 한국학술정보(주)에도 진심으로 깊은 감사를 드린다.

2009년
배다현

C o n t e n t s

Contents

Contents

Contents

Contents

제 1 장

서 론

이제껏 인류 역사의 대부분의 기간이 남성 중심의 논리로 쓰이고 세계가 남성들의 것이라는 인식이 의심 없이 받아들여졌다. 그러나 육체적 힘의 중요성이 줄어들고 여성들의 출산 환경이 변화하면서 이 생각이 급속히 불식되고 있으며, 여성에 대한 인식 변화가 우리 사회에서도 진행되고 있다. 여성들의 교육수준이 높아지고 사회진출과 경제활동이 다양하게 늘면서 '알파걸(Alpha Girl)', '골드 미스(Gold Miss)' 등 여성의 지위 향상을 상징하는 말이 유행처럼 번지고 있으며, 각종 자격시험에서 여성 합격자 비율이 증가하면서 '여풍(女風) 시대'라는 진단이 나오는가 하면, 상대적으로 남성들이 역차별을 받고 있다는 하소연까지 나오는 실정이다. 교사는 물론 공무원의 합격자 비율에서 여성이 남성을 압도하는 현실은 이미 오래전 이야기가 되었고, 각종 국가고시에서는 여성의 합격률이 해마다 높아지고 있다.

통계청의 자료를 통해 구체적으로 살펴보면, 2007년 우리나라 총인구 48,456,369명 중 여성 인구는 24,112,093명으로 49.76%를 차지하고 있으며, 여성이 가계를 책임지는 여성 가구주도 20%대에 가까이 이르러, 다섯 가구 중 한 가구는 여성이 생계를 책임지고 있는 것으로 나타났다. 여성의 경제활동 참가율도 꾸준히 증가하고 있어, 지난 95년 48.4%에서 2006년에는 50.3%로 상승했다. 또한 여성의 교육 수준도 남녀의 차이가 크게 나지 않고 있으며, 여성의 대학 진학률이 지난 90년 31.9%에 불과했으나 2006년 81.1%로 교육 수준이 크게 높아져, 여고생의 대학 진학률은 OECD 국가 가운데 가장 높다. 전문·관리직 종사자도 1990년 여성 취업자 가운데 7.7%였던 것이, 2005년 18.8%로 계속 증가하는 추세에 있고, 2006년 여성 지방의회 의원의 수는 525명으로 전체 14.5%를 차지해, 91년 이후 여성 지방의원이 차지하는 비율이 계속 증가하고 있는 추세이다. 이렇듯 우리나라 여성들은 정치권을 비롯해 사회, 문화, 예술, 교육, 과학, 스포츠 등 각계에서 활발히 활약하고 있고, 사회적 지위도 많이 향상되었다.

그러나 이렇게 여성들의 사회 진출이 활발해지는 가운데, 여성 범죄가 점차 늘어나고 있음을 우려하는 목소리도 있다. 70년대 중반까지만 해도 여성 범죄는 전 인구 비례 4.5%대에 머물고 있었으나, 1995년부터는 11.5%, 2004년에는 15.6%로 3배 이상의 높은 증가추세를 나타내고 있다.

여성 범죄 현황을 구체적으로 살펴보면, 범죄자의 수는 1994년 224,118명에서 2003년에는 356,219명으로 지난 10년간 158.9%의 증가율을 보여 동 기간 동안 남성 범죄가 120.2%가 증가한 것에 비해 급격한 양적인 증가 추세를 보이고 있으며, 범죄경험별 변화 추이를 보았을 때도 초범자의 비중은 꾸준히 감소하는 반면, 누범자의 비중은 2범부터 5범 이상까지의 모든 집단에서 모두 증가하는 추세를 보이고 있다(홍영화, 2005).

그러나 현재까지 실시된 범죄 연구, 재소자들을 대상으로 한 연구의 대다수는 주로 남성 범죄나 남성 재소자들을 대상으로 이루어져 왔으며, 여성의 범죄와 예방에 대한 연구는 상대적으로 활발히 이루어지지 않고 있었다. 여성 재소자들에게 제공되는 서비스와 편의시설도 기본적으로 남성 재소자들에게서 비롯된 모델에 기초하고 있으며, 여성 재소자들의 정신건강 문제와 욕구에 관한 연구는 부족한 실정이다(Charles, Abram, McClelland, & Teplin, 2003; World Health Organization, 2000). 현재 국내에서도 교도소 재소자들에 대한 연구와 사회사업적 개입이 이루어지고는 있지만, 재소자들의 특성과 상황이 고려된 차원의 개입에 대해서는 과학적으로 검증된 바가 거의 없다. 여성 재소자들에 대한 연구는 거의 전무하다고 볼 수 있으며, 그중에서도 여성 재소자들의 서비스 욕구를 파악하려는 실증적인 조사연구는 보고된 것이 없다.

이러한 재소자 연구에 관한 접근법에 있어서 변화의 필요성이 국내·외적으로 점차 인식되고 있는데, 이는 교도소 시스템 내 여성 재소자 비율의 급격한 증가가 1차적인 이유이며, 이로 인해 미국 등 많은 선진국의 교도소 시스템 관계자들 및 학계의 연구자들은 여성 재소자들의 욕구와 경험에 집중하고 있다(Cynthia, Jean, Jacqueline & Besty, 1997).

국내에서도 최근 들어 범죄원인과 특성, 인권과 교정처우 실태, 심리특성 등에 대한 양적·질적 연구들이 여성 재소자들에게 초점이 맞추어져 나타나고 있다. 여성 재소자를 대상으로 한 한경화(2006)의 연구에서는 가족의 소중함을 느끼고, 종교적 지지를 받으며, 교도소 내 활동인 외박, 합동접견, 체육대회 등에의 적극적인 참여, 교도소 내 작업이 주는 혜택, 가석방을 기다림, 동기 부여 등이 의욕을 향상시키는 요인인 반면, 가족 간의 틈(gap), 자격지심, 건강 악화, 우발적인 감정 폭발, 힘든 작업, 가석방 탈락 등의 요인은 재소자들의 정신건강에 부정적인 영향을 미치는 것으로 나타났다. 또한 이영란(2003)은 여성 재소자들의 가장 큰 걱정은 자녀 등 가족들에 대한 걱정이며, 이들이 가족들과의 단절과 틈에 대한 두려움을 가지고 있음을 제시하였다. 구규옥(2007)은 재소자의 자살 생각에 영향을 미치는 요인으로 가족변인인 재소자의 가족력과 어머니의 돌봄 행동, 개인변인인 자아상태, 우울증, 무기력감을 제시하였다.

본서의 중심을 이루고 있는 조사연구는 정신건강에 영향을 미치는 다양한 정치, 경제, 사회, 심리적 요인들 중에서도 특별히 여성 재소자 개인의 발달적 측면에서 약물 관련 변인과 학대경험 그리고 대인 관계적 측면에서의 가족 관련 변인(특히 자녀 돌봄 상황), 사회적 지지를 중심으로 하여 이루어졌다. 그 이유는 이러한 변인들이 재소자들의 정신건강에 영향을 미치는 변인들 중에서 남성 재소자들에게서 나타나지 않는 여성 재소자 특유의 주요 변인들이기 때문이다(Cynthia, Jean, Jacqueline & Besty, 1997). 일반적으로 여성 재소자들은 남성 재소자들에 비해 신체적, 성적 학대경험이 더 많은 것으로 보고되고 있고, 가족과 자녀들의 문제가 주요 양육자가 되는 여성 재소자들에게 중요한 문제이며, 이들은 신체적인 질병 등을 포함해 건강에 관한 문제를 더 자주 보고한다(Cynthia et al., 1997). 또한 여성 재소자들은 남성 재소자들보다 사회적 지지의 맥락에 더 쉽게 영향을 받으며, 대인 관계적인 측면에 더 의미를 두는 경향이 있다(Maccoby & Jacklon, 1980; Parke & Slaby, 1983; Whiting & Whiting, 1975). 여성 재소자들을 대상으로 뉴욕에서 실시된 연구에서는 여성 재소자의 83%가 약물 관련 문제를 가지고 있다는 결과와 함께, 이러한 변인들이 이들의 정신건강에 미치는 영향이 주목할 만하다는 결과를 제시하였다(Elizabeth, Risa & Eileen, 1998).

재소자들의 정신건강 문제는 구금생활 이전부터 존재해 온 경우도 있고 구금생활 중에 발생하는 경우도 있는데, 이러한 정신적 문제는 출소 후 사회생활에까지 영향을 미친다. 따라서 재소자들이 출소 후 사회에 건강하게 재적응하고 재범을 하지 않도록 하며, 궁극적으로 교정의 중요 목표인 재소자의 재활과 사회 재통합을 달성하기 위해서는 재소자들의 정신건강에 대한 연구와 관리가 매우 중요하다고 할 수 있겠다.

이러한 선행 연구들과 이론들을 바탕으로 여성 재소자들의 인구사회학적 특성과 발달적 특성, 정신건강 상태 및 이에 따른 정신건강 서비스 욕구를 조사, 분석함으로써 여성 재소자들의 정신건강을 향상시킬 수 있고 이들에게 제공되는 정신건강 서비스의 효과성 제고에 기여할 수 있는 방안을 고찰해 보고자 한 것이 본서의 집필 동기이다.

이를 위해 2008년도 전국 3개 교도소에 수감되어 있는 여성 재소자들을 대상으로 정신건강 상태와 정신건강 서비스 욕구 및 이에 영향을 미치는 변인을 확인하고, 정신건강 하위 증상에 따른 정신건강 서비스 욕구 양상을 알아보았다. 이러한 결과를 토대로 여성 재소자들의 정신건강을 향상시킬 수 있는 방안과, 효과적인 정신건강 서비스 제공의 방향을 제안하고자 한다.

제 2 장

이론적 배경 및 선행연구 고찰

제1절 재소자들의 정신건강

정신건강에 문제를 가진 재소자들을 방치하고 관리하지 않으면, 수형생활뿐만 아니라 출소 후 재사회화의 측면에도 부정적인 영향을 미칠 수 있다(Hart & Hemphill, 1989). 미국 정신의학 협회(APA: American Psychiartic Association, 2000)는 5명 중 1명의 미국 재소자가 심각한 정신질환 상태라고 추정하였으며, 캐나다와 미국의 재소자들에 대한 데이터를 비교한 연구에서, 남자 재소자들 중 정신질환자의 비율이 상당히 높음을 제시하였다(Corrado, Cohen, Hart, & Roesch, 2000). 인구 통계학적 차이를 통제한 보다 정교한 연구에서는 정신분열(schizophrenia), 주요정동장애(major affective disorder) 등과 같이 심각한 수준의 정신질환일 확률이 일반인보다 재소자들에게 2~3배 더 높은 것으로 드러났다(Hodgins, 1995; Teplin, 1990, 1994; Veysey, Steadman, Morrissey & Johnsen, 1997). 호주(Hurley & Dunne, 1991), 영국(Birmingham, Mason, & Grubin, 1996), 스코틀랜드(Davidson, Humphreys, Johnstone & Cunningham, 1995)와 덴마크(Andersen, Sestoft, Lillebaek, Gabrielsen & Kramp, 1996) 등에서 보고된 연구에서도, 재소자들 중 정신질환자 수의 비율이 일반인들보다 더 높다는 결과가 나타났으며, Fazel과 Danesh(2002)는 일반인과 비교해 볼 때, 재소자들이 심한 정신질환과 주요 우울장애인일 비율이 2~4배 더 높다는 것을 밝혔다.

국내에서 재소자들의 정신건강을 다룬 연구들을 보면, 신정인 (1997)은 재소자들이 일반인에 비해 특히 반사회적 성격으로 수동-공격형(passive-aggressive) 성격의 소유자일 가능성이 많으며 성격적인 적응에 있어서 문제를 더 많이 겪고 있다고 하였다. 또 김자경(2000)은 강력범일수록 갈등이 있는 대상과 문제를 직접적으로 해결하지 못하고 은근히 남을 화나게 만들거나 무의식적인 욕구나 소망을 즉각적인 행동으로 충족시키려고 하거나 갈등이나 좌절을 미성숙하거나 유치한 방법으로 해결하려는 경향이 있다고 하였다.

이수정, 이윤호, 서진환(2000)은 재소자들의 다면적 인성검사 (MMPI: Minnesota Multiphasic Personality Inventory) 결과를 분석한 연구에서, 정신건강에서 정상의 범주를 벗어남을 의미하는 표준점수 70점 이상을 차지하는 비율이 모든 하위 척도에서 일반인들의 비율보다 2배에서 4배 정도까지 높다는 결과를 제시하였고 특히, 편집증, 강박증, 정신증, 경조증 등의 심각한 정신장애 유형에서 정상적 범주를 벗어나는 사람들의 비율이 상당히 높은 것을 확인하였다. 범죄행동과 성격특성의 관계를 밝힌 이인혜(1991)는 35세 이하 재소자 집단과 35세 미만 남자대학생을 비교한 결과, 정신병적 경향성과 운동적 충동성이 통제집단보다 범죄 집단에서 높게 나타난다는 점을 밝혔다.

교정시설 청소년과 일반 청소년의 정신건강을 비교한 김성필 (2001)의 연구에서도, 신체화, 우울, 불안, 공포불안, 정신증의 항목에서 일반 청소년보다 교정시설 청소년들이 통계적으로 유의하게 높은 것으로 나타났으며, 약물 관련 문제를 겪고 있는 청소년 재소자들은 우울증, 히스테리, 반사회성 척도가 높다(김재희, 1995; 서정욱, 1999; 장수진, 2000)는 연구 결과들도 있다.

성별, 재범 여부, 범죄유형에 따른 재소자의 NEO - PI - R(NEO Personality Inven tory - Revision, Costa & McCrea, 1992) 반응을 연구한 정유희, 안창일(2004)이 재범유무에 따른 NEO - PI - R 점수를 분석한 결과, 재범집단은 초범집단에 비해 신경증 요인과 신경증 척도의 분노, 우울, 충동성, 취약성 하위요인 점수가 유의미하게 높았고, 동조성, 성실성 요인과 외향성 척도의 하위요인인 사교성, 긍정적 정서, 동조성 척도의 하위요인인 신뢰, 순응요인과 성실성 척도의 하위요인인 유능감, 충실성, 자기규제, 신중성에서 유의미하게 낮은 점수를 보였다.

이재창(1996)은 범죄이론과 다른 연구결과들을 토대로 하여 범죄자들의 일반적인 심리적 특성을 제시하였는데, 이들은 자기통제 능력이 결여되어 있고 사고가 합리적이지 못하며 외부귀인의 경향이 크고 부정적인 자아상을 가지고 있다고 하였다. 또한 자신을 부정적으로 보고, 자기 주위의 다른 사람이나 사물, 미래까지도 부정적으로 보는 부정적인 생활 각본과 가치관을 가지고 있으며 대인 관계 기술이 결여되어 있다고 하였다.

교도소에서 전문가의 개입이 필요한 정신건강 문제가 재소자들에게 빈번하게 발생하는데 주로 우울증, 분노, 정신증, 불안, 적응 문제 등으로 그 유형과 정도가 매우 다양하다(<표 2 - 1>).

〈표 2-1〉 교도소에서 주로 발생하는 정신건강 문제

증 상	비 율(%)	증 상	비 율(%)
우울증	80	성격장애	18
분 노	40	약물남용	17
정신증	25	성 행동	14
불안증	24	충동통제	12
적응문제	20		

출처: 조은경, 교정심리학의 필요성. 2005.

<표 2-1>에서 알 수 있듯이 치료감호소가 아닌, 일반 교정시설에도 많은 수의 정신질환자가 수감되어 있다. 이들에게 치료감호가 청구되지 않은 이유는 수사 및 재판과정에서 정신질환이 간과되는 경우도 있고 치료감호의 요건을 충족하지 못한 경우도 있으며, 형 집행 중 정신질환이 새로 생기거나 재발할 가능성도 있다 (정필자, 2004).

〈표 2-2〉 교정시설 정신질환자 현황

(단위: 명)

구 분	수용인원		기 결	미 결
2002년		38,577	37,679	20,898
	정신질환자	322	270	52
2001년		61,921	38521	23,400
	정신질환자	371	313	58
2002년		61,686	38,015	23,671
	정신질환자	313	266	47
1999년		68,080	41,689	26,391
	정신질환자	225	170	55
1998년		70,036	36,811	33,225
	정신질환자	270	233	37

출처: 법무부 교정국, 정필자, 2004.

제2절 여성 재소자의 정신건강

90년대 이후 우리나라뿐만 아니라 미국, 영국, 일본 등 주요 산업 국가에서 여성 범죄가 매우 빠른 속도로 증가하고 있으며 그로 인해 여성 범죄 및 여성 재소자에 대한 학문적 연구의 필요성도 점차 커지고 있다. 여성 범죄가 남성 범죄와 어떤 다른 특성을 보이는지에 대해 관심이 증가하고 있으며, 이러한 연구를 통한 여성 범죄, 여성 재소자에 대한 대책 마련이 필요하다는 인식이 생겨나고 있는 것이다.

그러나 앞서 언급한 바와 같이, 현재까지의 범죄 연구, 재소자들을 대상으로 한 연구는 주로 남성을 대상으로 이루어져 왔으며 여성의 범죄와 예방에 대한 연구는 관심 밖으로 밀려나 있었다. 여성 재소자들에게 제공되는 서비스들과 편의시설은 기본적으로 남성 재소자들에게서 비롯된 모델에 기초하고 있으며, 여성 재소자들의 정신건강 문제와 욕구는 연구된 바가 거의 없다(Ingram & Fogel, 1991). 재소자들은 의료 서비스, 여가, 교육, 직업 관련 서비스를 포함해서 여러 가지 다양한 프로그램과 서비스들을 받고 있지만, 이러한 시설과 제공되는 서비스는 남성 재소자들에 대한 연구에서 비롯된 모델에 기본적으로 기초하고 있는 것이다(Rafter, 1992).

이러한 접근에 있어서 변화에 따라, 미국의 교도소 시스템은 남성재소자들에 대한 인식의 틀 내에서 여성들의 욕구와 경험에 맞추어 반응하고 있다(Cynthia, Jean, Jacqueline & Besty, 1997).

여성 재소자들에게 관심을 가지게 되는 또 다른 이유는 여성들이 남성들에게서 나타나지 않는 다른 특성들을 보여 주기 때문이다(Cynthia et al., 1997). 여성들은 비폭력적인 행위로 구금, 수형되는 비율이 더 큰 것으로 나타나며, 일반적으로 남성 재소자보다 신체적, 성적 학대경험이 더 많고, 자살사고를 더 많이 일으키는 것으로 보고되고 있다. 가족과 자녀들의 문제는 주요 양육자가 되는 여성 재소자들에게 중요한 문제이며, 신체적인 질병 등을 포함해 건강에 관한 문제를 더 자주 보고한다고 한다(Cynthia et al., 1997). 지난 30년간의 연구를 통해 재소자들의 행동적, 인식적, 도덕적, 심리적 특성에 있어서 성적인 차이가 존재한다는 사실이 밝혀졌다. 예를 들어, 여성들은 남성들보다 자신들의 실패를 자신의 무능력 탓으로 생각하는 경향이 있고, 사회적 지지의 맥락에 더 쉽게 영향을 받으며, 대인 관계적인 측면에 더 의미를 두는 경향이 있다(Maccoby & Jacklon, 1980; Parke & Slaby, 1983; Whiting & Whiting, 1975). 여성 재소자들을 대상으로 뉴욕에서 실시된 연구에서는 여성 재소자의 64%가 정신건강 문제를, 83%는 약물 관련 문제를 가지고 있다는 결과를 제시하였다(Elizabeth, Risa & Eileen, 1998). Veysey(1998)는 연구에서, 여성 재소자는 남성 재소자보다 심한 정신질환에 걸려 있을 가능성이 높음을 밝혔고, 또 다른 연구에서는 정신분열, 정신분열병과 조증장애를 제외한 모든 장애의 비율이 일반인 여성들과 남성 재소자들보다 여성 재소자들에게서 더 높다는 것이 발견되었는데, 주요 우울증의 경우 여성 재소자는 13.7%, 남성 재소자는 3.4%의 비율이었으며, 외상 후 스트레스 장애의 경우 여성 재소자는 22.3%이지만, 남성 재소자의 경우에는 응답한 사례가 없었다(Teplin, Abram, & McClelland, 1996).

Arboleda와 Florez 등(1995)이 제시한 자료에 의하면, 축Ⅰ에 해당되는 장애(물질사용 장애 제외)를 가지고 있다고 추정되는 비율은 여성 재소자는 10.8%인 데 반해 남성 재소자는 8.0%이었다. 이와 유사하게 캐나다의 교도소 재소자들을 대상으로 정신질환(물질사용 장애 제외)에 걸린 비율을 조사한 결과, 여성 재소자가 남성 재소자보다 유의하게 높다는 사실을 확인하였다(Bozikas, Andreou, Giannakou, Tonia, Anezoulaki, Karavatos, Fokas & Kosmidis, 2005). 캐나다에서 여성 재소자들을 대상으로 한 연구에 따르면, 여성 재소자들의 자살률이 남성 재소자의 2배이며 일반인 여성에 비해서는 5배 더 높았다(Holley, Arboleda, Florez & Love, 1995).

제3절 재소자의 정신건강에 영향을 미치는 요인

재소자의 정신건강에 영향을 미치는 다양한 정치, 경제, 사회, 심리적 요인들 중, 본 연구에서는 특별히 재소자 개인의 발달적 측면의 학대경험과, 대인 관계적 측면의 사회적 지지에 주목하고자 한다.

1) 학대경험

오늘날 아동학대는 심각한 사회문제 중의 하나로 인식되고 있다. 아동학대의 결과는 단순한 타박상이나 골절에 그치는 것이 아니라 아동의 정서발달이나 사회성 발달에 심각한 손상을 가져올 수 있으며, 그 영향이 성인기에도 지속될 수 있다는 점(공계순, 2000)에서 사회적인 대처를 요하는 것으로 여겨진다.

Kempe(1962)에 의해 내려진 아동학대의 가장 고전적인 정의는 "보호자에 의해 가해지는 심각한 손상"이다. 1991년 유니세프(UNICEF: United Nations Child ren's Fund) 한국위원회는 "신체적 구타(폭력), 부적절한 취급(양육), 유기, 신체적 · 성적 착취나 가해, 그리고 성적인 측면의 어느 한 부분, 또는 그 이상에서 아동의 건강이나 복지를 위협하는 것"이라고 정의하고 있다.

우리나라 아동복지법(제2조 4항)에 명시된 정의에 의하면, "아동학대란 보호자를 포함한 성인에 의하여 아동의 건강 · 복지를 해치거나 정상적 발달을 저해할 수 있는 신체적 · 정신적 · 성적 폭력 또는 가혹행위 및 아동의 보호자에 의하여 이루어지는 유기와 방임"을 말하며, 자기보호 또는 감독을 받는 18세 미만의 자에 대한 학대행위라고 볼 수 있다(아동복지법, 2008). 이는 아동의 부모를 포함한 보호자 또는 성인이 신체나 도구를 이용하여 아동에게 심각한 해를 입히거나 아동의 정상적인 성장을 저해하는 것을 말한다.

아동학대 유형은 학대받은 영역에 따라 신체적 학대, 정신적(정서, 언어)학대, 성적 학대, 방임 등으로 나누기도 하고, 학대가 일어나는 곳을 중심으로 가정 내 학대와 가정 외 학대로 나누기도 한다(박태순, 2000).

본 연구에서는 이러한 개념들을 종합해, 학대 영역에 따라 신체적 학대와 정서적 학대, 방임과 성 학대로 나누었다.

신체적 학대(physical abuse)는 보호자를 포함한 성인이 아동에게

우발적 사고가 아닌 상황에서 신체적 손상을 입도록 한 모든 행위를 말하고, 구타나 폭력에 의한 멍, 화상, 찢김, 골절, 장기파열 등과 물건을 던지는 행위, 떠밀고 움켜잡는 행위, 뺨을 때리는 행위, 물건을 사용하여 때리거나 위협하는 행위, 발로 차거나 물어뜯고 주먹으로 치는 행위, 두들겨 패는 행위, 칼, 도끼 등의 무기로 위협을 하는 행위 등이 해당된다(김아다미, 2001; 유수진, 2003; 현송아, 2004; 정솔이, 2005; 현정혜, 2006). 한국보건사회연구원(1998)의 조사에 따르면, 신체적 학대에서는 '손이나 회초리로 손바닥, 종아리, 엉덩이를 때리는 경우'가 92.6%로 가장 많다. 그다음으로 '빗자루나 굵은 몽둥이로 때린다'가 80.0%, '얼굴이나 뺨 등을 때린다'가 72.5%, '물건을 던진다'가 51.4%였으며, '칼이나 흉기로 위협한다'가 27.5%, '다락방이나 장롱 등에 가둔다'가 24.3%, '팔·다리를 묶는다'가 21.4%로 나타났다.

정서적 학대(emotional abuse)는 보호자나 양육자가 아동에게 언어적, 정서적 위협, 감금이나 억제, 기타 가학적인 행위를 하는 것으로서, 아동의 인격이나 감정, 기분을 심하게 무시하고 모욕하는 행위, 좁은 공간에 장시간 혼자 가두어 놓는 행위, 원망적, 거부적, 적대적 또는 경멸적인 언어적 폭력을 하는 행위 등을 말한다(김아다미, 2001; 유수진, 2003; 현송아, 2004; 정솔이, 2005; 현정혜, 2006). 한국보건사회연구원(1998)의 조사에 따르면, 정서적 학대의 형태는 '꼴도 보기 싫다, 병신, 이 원수야'라는 욕설이 72.9%, '학교 그만두고 집안일이나 해라'라는 말을 들은 경험이 53.7%, 집에서 쫓겨난 경험이 51.4%, '우리 집에서 너만 없었으면 좋겠다'라는 말을 들은 경험이 47.8%였으며, '나가 죽어라' 또는 '갖다 버리겠다'

라는 말을 들은 경험은 44.9%로 나타났다. 이처럼 정서적 학대는 언어적 학대를 포함하며, 아동에 대한 애정과 관심을 주지 않은 행위, 아동을 다른 아동과 부정적으로 비교하는 행위, 아동이 보는 앞에서 부부간의 싸움 등이 해당된다(박태순, 2000).

방임(neglect)은 보호자가 아동에게 고의적이고 반복적으로 아동 양육과 보호를 소홀히 함으로써 아동의 정상적인 발달을 저해할 수 있는 행위를 말한다(김아다미, 2001; 유수진, 2003; 현송아, 2004; 정솔이, 2005; 현정혜, 2006). 한국보건사회연구원(1998)의 조사에 따르면, 방임적 학대에서 '숙제를 하는지 관심이 없다'가 63.2%, '어두워질 때까지 혼자 집을 본다'가 62.3%이며, '학교 준비물을 챙겨 주지 않는다'가 61.8%였다.

〈표 2-3〉 아동 학대 유형

구 분	내 용	백분율(%)
신체적 학대	• 손, 회초리로 손바닥, 종아리를 맞음	92.6%
	• 빗자루나 굵은 몽둥이로 맞음	80.0%
	• 얼굴이나 뺨 등을 맞음	72.5%
	• 던진 물건으로 맞음	51.4%
	• 칼이나 흉기로 위협 당함	27.5%
	• 다락방이나 장롱 등에 갇힘	24.3%
	• 팔, 다리가 묶임	21.4%
정서적 학대	• '꼴도 보기 싫다', '병신, 이 원수야'	72.9%
	• '학교 그만두고 집안일이나 해라'	53.7%
	• 집에서 쫓겨난 경험	51.4%
	• '우리 집에서 너만 없었으면 좋겠다'	47.8%
	• '나가 죽어라', '갖다 버리겠다'	44.9%
방임	• 숙제를 해 가는지 관심이 없음	63.2%
	• 어두워질 때까지 혼자 집을 봄	62.3%
	• 학교 준비물을 챙겨 주지 않음	61.8%

출처: 한국보건사회연구원 실태조사, 1998.

성 학대(sexual abuse)란 성인이 성적인 충족을 위해 미성숙한 아동과 함께하는 모든 성적 행위를 말하며, 성인이 아동에게 자신의 성기나 신체를 접촉하도록 하거나 아동의 성기를 만지는 행위, 아동의 옷을 강제로 벗기거나 키스를 하는 행위, 포르노비디오를 아동에게 보여 주거나 포르노물을 판매하는 행위, 아동매춘이나 매매를 하는 행위 등이 해당된다. 미성숙한 아동과 청소년을 그들이 동의할 수 없는, 그리고 사회적 금기를 어기는, 이해하지 못하는 성적 활동에 개입시키는 것이다. 즉, 성기나 기타의 신체접촉을 포함하여 강간, 성적 행위, 성기노출, 자위행위, 성적 유희 등 가해자의 성적 충족을 목적으로 아동에게 가해진 행위를 말한다(김아다미, 2001; 유수진, 2003; 현송아, 2004; 정솔이, 2005; 현정혜, 2006).

2006년 기준 신고된 아동 성 학대 신고건수는 249건으로 2001년 86건의 3배로 급증했다(동아일보, 08. 5. 5). 2006년 아동기획포럼에서 발표된 자료에 의하면, 피해아동은 88.5%가 여아로 초등학교시기에 있는, 저항할 힘이 없는 아동들이 대부분이다. 그중 절반 이상이 지속적으로 피해를 당한다는 사실이 보고가 되었고 또 아동에게 익숙한 공간 즉, 피해아동의 집(45.3%), 학교, 유치원 등이 피해 장소가 되었으며 또한, 가해자가 면식인 경우가 많았다(굿네이버스, 06. 10. 17). 가해자는 주로 남성으로서 피해아동과 아는 사이가 74.3%로 나타났고 그중 가족이나 친족인 경우가 43.2%, 또 그중 친부나 계부가 28.3%로 높은 비율을 보였다(굿네이버스, 06. 10. 17). 성 학대의 경우 겉으로 잘 드러나지 않을 뿐 아니라 피해아동과 부모들이 숨기려고 하는 경향이 많아 은폐되므로 문제가 더욱 심각하다(박태순, 2000).

〈그림 2-1〉 아동학대 사례 유형(2001~2006)

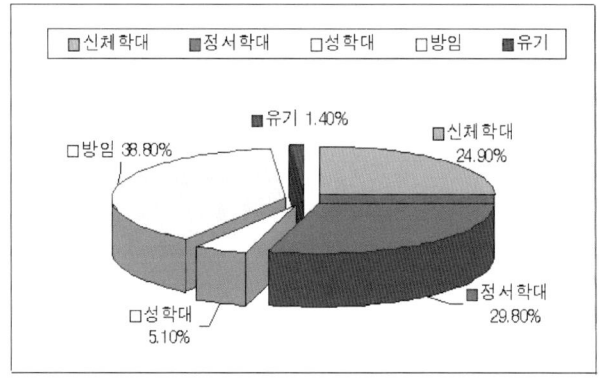

출처: 전국아동학대현황보고서, 보건복지가족부, 2006.

아래에는 연도별 아동학대 상담신고 건수가 제시되어 있다. 그러나 보건복지가족부는 신고되지 않고 발견되지 않은 학대 사례가 더 많을 것으로 보고 있다(보건복지가족부, 2008).

〈그림 2-2〉 연도별 아동학대 상담신고 건수

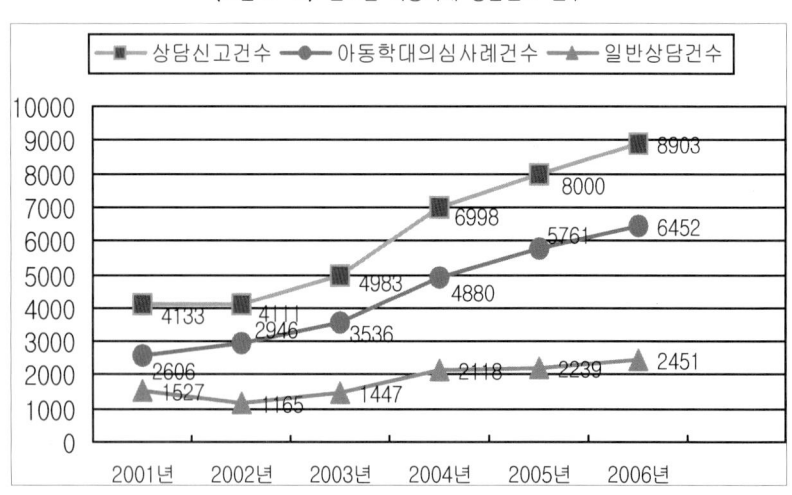

출처: 전국아동학대현황보고서, 보건복지가족부, 2006.

많은 연구들은 아동기 외상 경험이 그 당시뿐만 아니라, 성인기에 이르기까지 영향을 주고 있음을 보고한다. Wind와 Silvern(1994)은 성 학대 경험이 있는 일반 여성을 표본으로 한 조사연구에서 성학대 경험이, 낮은 자아존중감과 심각한 우울증과 상관이 있음을 보고했고, 이러한 여성들은 외상적 증상들을 심하게 보이고, 특별히 빈번하게 성인기 동안에 피해자가 되는 성향을 보인다(Browne & Finkelher, 1986; Harter, Alexander & Neimenyer, 1988; Peter, 1988; Stein & Test, 1988; Wind & Silvern, 1992). 또 다른 연구들에서 성 학대는 우울증과 정신건강 손상(Finkelher, 1988; Gold, 1986), 심리적 부적응(Gold, 1986), 성 문제(Briere & Runtz, 1990; Gold, 1986) 등과 연관이 있음이 밝혀졌다. Yehuda 등(2001)은 아동기의 성 학대나 신체적 학대경험은 많은 신체적, 심리적, 행동적 문제와 연관되며, 그런 문제들은 성인기의 우울, 불안, 약물 중독, 성격장애, 재피해 경험 등의 위험요인을 증가시킨다고 하였다. 유수진(2003)은 아동기 성 학대를 경험한 집단이 경험이 없는 집단에 비해 정신건강이 심각한 것으로 나타났는데, 구체적으로 신체화 및 불안증, 적대감, 공포불안, 편집증, 정신건강 총합 지수에서 유의한 차이를 나타냈다.

또한 신체적 학대는 우울증과 낮은 자아존중감, 분노와 공격성 등과 관련된다고 밝혔다. Briere와 Runtz(1990)는 아동기 학대경험이 있는 사람들은 성인기에 신체적으로 폭력적인 대인 관계를 보일 가능성이 높다고 보고했다.

정서적 학대도 다른 유형의 학대만큼이나 성인기 부적응에 영향을 미쳐 사회적 능력의 손상, 분노, 우울, 불안과 같은 정서 문제 등과 관련이 있는 것으로 보고 있다(김혜인, 2007). 현정혜(2006)는 대학생을 대상으로 한 연구에서, 남자의 경우 정서적 아동 학대경험이 높을수록 데이트 신체 폭력, 정서 폭력, 성적 폭력의 가해 정도가 높고, 여자의 경우 성적 학대 경험이 높을수록 데이트 시 신체 폭력과 정서 폭력, 성적 폭력의 피해 정도가 높음을 밝혔다.

박은미(2000)의 연구에서도 아동기에 심리적, 신체적 학대를 많이 받을수록 성인기에 친밀한 대인 관계에서의 갈등 경험 정도가 높음이 보고되었다. 특히 여성의 경우 심리적 학대가 대인 관계 갈등에 많은 영향을 주고, 남성의 경우는 신체적 학대가 대인 관계 갈등에 영향을 주는 것으로 나타났다(이유경, 2006 재인용).

더욱 문제가 되는 것은 성장기에 경험하는 학대, 가정폭력으로 인해 폭력에 대한 무기력을 학습하게 되고 자신이 무가치하다고 느끼게 되기 때문에, 성인기 학대경험(예: 남편에 의한 아내 학대경험)으로 이어질 수 있다는 것이다(변수정, 2006). 남편으로부터 학대를 받은 여성들은 그렇지 않은 여성들에 비해서 원가족에게 부당한 대우, 신체적 체벌, 냉담, 거부적인 반응을 더 많이 받는 것으로 나타났다(변수정, 2005). 또한 이수정(2006)은 남편 살해로 교도소에 수감되어 있는 여성 재소자들의 직접적인 범행동기가 피학대경험임을 밝히고 학대로 인한 심리적 문제로 높은 수준의 건강염려, 불안, 우울증, 자살관념과 높은 수준의 외상 후 스트레스 장애를 경험하고 있음을 밝혔다.

이상에서 알 수 있듯이 학대경험과 학대로 인한 이런 영향들은 누적되어 여러 심리적 증상과 대인 관계에서의 문제를 가져옴으로써 성인기에 이르기까지 직·간접적으로 영향을 줄 수 있는 것이다.

2) 사회적 지지

사회적 지지 또한 정신건강에 중요한 요인임이 지속적으로 보고 되고 있다. 최근 인터넷 뉴스에서, 약 6,000명의 성인을 대상으로 한 9년 동안의 연구에 따른 결론으로, 개인의 사망을 예측하는 데 그 사람의 사회경제적 상태와 건강 상태, 건강 습관과 실천에 관계 없이 사회적 연결망이 가장 중요한 요인이었음이 보도되었다. 좋은 결혼 관계와 친지·친구와의 밀접한 접촉이 가장 강력한 건강 결 정 요소였다(경향뉴스, 2008).

Caplan(1974)은 사회적 지지란 "자기 자신이 사랑과 돌봄을 받고 존중되며, 가치 있다고 여겨지거나 의사소통 관계망이나 상호의무 의 일원이라고 믿어지도록 하는 정보의 구성요소"라고 하였다.

사회적 지지는 구조적, 기능적 측면에 따라 여러 유형으로 구분 되고 있다. 구조적 측면에서 구분한 경우를 보면, House(1981)는 사회적 지지를 정서적 지지(신뢰, 애정 감정 이입, 친밀감), 평가적 지지(수용, 긍정적 피드백, 긍정적 자기평가 등), 정보적 지지(사람 들이 스스로 돕도록, 또는 사회적 서비스를 활용하도록 돕는 것 등), 그리고 도구적 지지(실제적 도움의 교환, 욕구 충족의 효과를 가지는 실제적 도움)로 구분했다. Kahn과 Antonucci(1980)는 사회 적 지지가 애정(호감, 존경, 사랑의 표현), 확신(발언의 적절성, 행 동의 정당성에 대한 동의 또는 승인의 표현), 보조(물품, 금전, 시간 및 자격을 포함한 직접적 보조)의 세 가지 요소 중 하나 또는 그 이상의 요소를 포함하는 대인간 교류로, 그리고 MOS(Medical Outcome Study)는 정서적 지지(긍정적 정서를 표현하거나 감정이입

을 통한 이해를 표현하거나 감정표출을 격려하는 것), 정보적 지지
(문제해결을 위해 조언이나 정보, 지침 등을 제공하는 것), 구체적
지지(물질적 보조를 하거나 행동적 보조를 제공하는 것), 긍정적,
사회적 상호작용(함께 즐거움을 나눌 수 있는 사람이 있는 것), 애
정적 지지(사랑과 애정의 표현 등)로 구분했다. 박지원(1985)은 정
서적 지지(존경, 애정, 신뢰, 관심, 경험 등의 행위), 정보적 지지(직
업의 기회를 알려 주거나 직업을 구할 수 있는 방법을 가르쳐 주는
것 등과 같은 개개인이 문제를 대처하는 데 이용할 수 있는 정보를
제공하는 것), 물질적 지지(일을 대신해 주거나, 돈·물건을 제공하
는 등 필요 시 직접적으로 돕는 행위), 평가적 지지(자신의 행위를
인정해 주거나 부정하는 자기평가와 관련된 정보를 전달하는 것)로
구분하였다.

사회적 지지의 기능적 측면은 개인이 받았다고 인식하는 지지의
유형이 어떤 것이며, 그 정도가 얼마나 되는지, 그리고 지지의 방
향이 상호적인지 일방적인지 등을 통해 알 수 있다. 일반적으로 객
관적 지지와 지각된 지지로 분류되며, 많은 선행연구에서 객관적인
지지보다는 개인에게 지각된 지지가 보다 중요하다는 결과가 나타
났다. 즉, 개인에게 객관적인 지지 자원이 있다는 것과 지지를 받
았다고 지각하는 것 사이에는 차이가 있으며, 외부에서 지지가 주
어진다 하더라도 그것을 지지로 지각하지 않는 경우에는 그것이
진정한 지지로서의 가치가 없다는 것이다(Wethington & Kessler,
1986; Dressler, 1989; Schaefer, 1981).

사회적 지지를 구조적, 기능적 측면에서 종합적으로 구분할 때의
내용은 <표 2-4>와 같다.

〈표 2-4〉 사회적 지지의 구조적-기능적 측면

구조적 측면	지지의 크기 및 유형	• 사회적 지지를 제공하고 도움을 줄 수 있는 대상 • 지지체계의 정도 • 지지체계의 유형
	접촉빈도	• 원조를 제공하는 대상과 상호 작용하는 빈도
	친밀감	• 원조를 제공하는 대상에 대해 가깝게 느끼는 정도
	지속성	• 원조를 제공하는 대상과의 관계 지속 정도
기능적 측면	원조의 정도 및 유형	• 지지체계로부터 받고 있는 원조의 유형과 정도
	원조의 상호성	• 원조를 교환하는 양쪽이 모두 동등한 원조를 주고 받는 지 여부

출처: 채연경. 사회적 지지가 가정폭력 피해 여성의 임파워먼트에 미치는 영향. 2006.

사회적 지지의 근원으로서 Cobb(1976)는 가족 구성원, 직장동료, 지역사회, 돕는 전문직을, Norbeck(1981)은 배우자, 가족 또는 친척, 친구, 직장 또는 학교의 동료, 이웃, 의료제공자, 상담자 또는 치료자, 목사, 성직자, 승려 등을, Thoits(1982)는 배우자, 친구, 친척, 동료 및 성직자, 교사, 상담자, 사회사업가를 포함시켰다(김미희, 1995).

사회적 지지는 생활사건이 신체, 심리적 건강에 미치는 부정적인 영향을 완화시켜 줄 수 있다는 점에서 1970년대 이래 많은 학자들의 주목을 받아 왔으며, 이에 관한 연구들도 사회적 지지의 긍정적인 효과를 입증하여 왔다(최희정, 1996). 사회적 지지는 한 개인이 그가 가진 대인 관계로부터 얻을 수 있는 모든 긍정적인 자원으로 개인의 심리적 적응을 돕고, 좌절을 극복하며, 문제해결의 도전을 받아들이는 능력을 강화시켜 준다(이은상, 2003). 배경진(2006)은 사회적 지지가 가정폭력 피해경험이 있는 여성의 스트레스 대처 방식에 있어서, 문제-집중적 대처 방식에 긍정적인 영향을 미쳐, 생활사건으로 인한 부정적인 반응을 완화시키는 환경적 변인, 학대로 인한 심리사회적 피해를 감소시키고 학대에 대한 대처능력을 향상시키는 요인으로 작용함을 보여 주었다. 김미례(2006)는 기혼 여성을 대상으로 한 연구에서, 정서적 지지와 물질적 지지가 높을수록 우울감이 낮아지며, 정서적 지지가 높을수록 죄책감과 비난이 낮아지는 것을 밝혔다. 또한 기혼 여성의 경우 정서적 지지가 높을수록 신체증상 Ⅰ이 낮아지는 것으로 나타났으며, 평가적 지지가 높을수록 신체증상 Ⅱ가 낮아지는 것으로 나타났다. 사회적 지지가 높을수록 우울 정도가 낮아짐을 이야기했다. 또한 최연경(2006)은 인지하는 사회적 지지 중 정서적, 물질적, 평가적 지지가 높을수록 (가정폭력 피해 여성) 자아상의 임파워먼트 수준이 높아졌고, 모든 형태의 사회적 지지를 느끼는 정도가 높을수록 사회 - 정치적 의식의 임파워먼트 수준이 높아짐을 밝혔다.

범죄와 관련해서 볼 때 사회적 지지는 비행청소년의 사회적응에 중요한 역할을 하는 것으로 밝혀지고 있는데, 이들의 사회적응 과정에서 긍정적이고 지속적인 사회적 지지가 결여되었을 때 사회적 유대는 더욱 악화되고 이는 비행을 형성하거나 유지하는 환경으로의 고립을 초래하여 결국 재비행으로 이어질 수 있다(김학성, 2003).

위와 같은 선행 연구들을 종합해 볼 때, 사회적 지지는 인간이 생의 위기와 변화를 접했을 때 위기에 처한 사람을 보호하고 위기에 대처하는 능력을 증가시키고 변화에 대한 적응력을 촉진시키는 중요한 변수(Cobb, 1976)임을 알 수 있다.

제4절 정신건강 서비스

  정신건강에 문제를 가진 재소자들의 급증은 국제적으로 공통적인 문제이다. 재소자들을 대상으로 한 미국의 한 연구에서, 심각한 정신장애를 가지고 있는 가능성과 위험성은 일반인들에서보다 재소자들에게서 실제로 더 높고, 정신장애 및 정신건강상 문제가 있는 실제 수는 일반인들에 비해 재소자에게서 더 많은 것으로 드러났다. 또한 재소자의 20%가 정신건강 서비스가 필요하다고 추정되며 50% 정도는 정신건강에 문제를 가지고 있다고 추정되고 있다 (Steadman & Versey, 1997).

  좋은 정신건강 서비스와 치료는 재소자들의 정신과적 질환 증상을 최소함으로써 안정을 위협하는 요소와 양상을 감소시킬 수 있다. 그러나 미국의 경우, 심각한 정신과적 질환을 앓고 있는 재소자들의 45%가 정신건강 서비스를 전혀 받지 못하고 있고(Steadman, Mc Carty & Morrissey, 1989), 전체 재소자들 중 정신건강 서비스를 이용하고 있는 재소자의 비율은 10% 이하(Steadman, Holohean & Dvoskin, 1991)인 것으로 조사되었다. 대부분의 재소자들에게 정신건강 서비스에의 접근은 용이하지 않은 것이다.

  미 법무부는 교도소에 있는 재소자들 중 정신건강에 장애를 가진 사람들의 정신건강 서비스에 대한 욕구를 확인하기 위한 혁신적인 정책들을 발표하고 연구하였다. 이에 따르면, 현재 많은 교도소들이, 정신건강 치료가 필요한 정신장애를 가진 재소자들의 문제로 고민하고 있으나 광범위하고 포괄적인 정신건강 서비스를 갖추고 제공하고 있는 교도소는 거의 없는 것으로 밝혀졌다. 조사에 응한 교도소 중 84%는 수감되어 있는 재소자들 중 10분의 1 이하의 재소자들만이 정신건강 서비스를 받고 있다고 보고했고, 커뮤니티 서비스와 연계된 사례 관리 서비스 등을 제공하고 있는 교도소는 거의 없는 것으로 밝혀졌다(Steadman & Veysey, 1997).

효과적인 정신건강 서비스가 되기 위해서는 클라이언트의 입장이 서비스에 체계적으로 반영되도록 할 필요성이 매우 크다. 홍선미(1996)는 미국 국립정신건강협회(NIMH: The National Institute of Mental Health)에서 시행된 정신보건 서비스를 분석한 결과, 서비스 이용자와 제공자 간 서비스 욕구에 대한 사정의 일치도가 높을수록 서비스의 효과성 역시 높아진다는 것을 증명하였다.

그러나 우리나라의 경우는 재소자들에 대한 정신건강 서비스에 대한 개념 및 기초 연구조차 제대로 이루어져 있지 않은 상황이며, 따라서 재소자들이 실제로 요구하고 실질적으로 도움이 되는 서비스의 제공은 아직 그 갈 길이 먼 것이 사실이다. 정책과 프로그램 측면에서뿐만 아니라 지역사회, 민간단체의 활동에서도 재소자들을 위한 서비스에 대해 관심을 기울이지 못하고 있다. 재소자들에게 적절하고 적합한 정신건강 서비스의 제공을 위해서는 먼저 재소자들의 정신건강에 대한 이해가 선행되어야 할 것이다.

본 연구에서는 정신장애인들에게 기본적으로 제공되어야 하는 10가지 서비스(Test, 1981; Test & Gerhart, 1990)와 현재 미국 교도소에서 재소자들에게 제공되고 있는 서비스 및 현재 우리나라 사회복귀 시설에서 이루어지고 있는 기존의 서비스, 프로그램의 내용을 부분적으로 수정하였으며, 재소자들이기 때문에 특별히 필요로 할 수 있는 서비스 내용을 부수적으로 추가하였다. Test(1981) 등은 ① 위기개입, ② 일상생활 훈련, ③ 주거 관련 서비스, ④ 직업 관련 서비스, ⑤ 재정보조 서비스, ⑥ 의료 서비스, ⑦ 정신보건 서비스, ⑧ 개인 상담, ⑨ 가족 상담, ⑩ 지역사회 교육 및 홍보 서비스를 지적하였다. 미국 교도소에서 재소자들이 이용하고 있는 서비스에는 심사(심리검사) 및 분류, 자살 예방, 위기개입과 단기치료, 정신과 약물치료, 교도소 외부에서 입원치료, 퇴소 후 사후관리 계획, 법원 연락체계, 심리치료·상담 등이 있다.

1) 위기개입 서비스(crisis intervention service)

위기개입 서비스는 개인의 위기에 대해 24시간 주 7일 동안 계속 서비스를 제공하는 것으로(김태화, 2006), 일차적인 목표는 위기상황에 있는 개인이 지역사회에서 가능한 한 최대한의 기능을 유지하고 회복하는 것을 돕는 데 있다(이봉원, 1998). 위기상황에 따라 다양한 형태로 제공될 수 있으며, 적극적인 지지와 위기개입 서비스를 제공할 경우 위기상황에 있는 재소자들은 그들이 속해 있는 환경 속에서 지원을 받을 수 있다(김태화, 2006).

2) 일상생활 훈련(daily living training)

일상생활 훈련은 사회복귀와 적응을 위한 서비스로서, 개인위생, 적절한 의복, 적절한 영양 및 식사 준비, 예산 계획 수립, 대중교통

이용 등 일상생활을 영위하는 데 필요한 기술을 배운 후 이를 재확인하고 연습하여 익히는 훈련을 주목적으로 한다(김태화, 2006). 사회적응 능력의 중요한 평가척도가 될 수 있는 기본적인 일상생활을 영위하기 위해 필요한 식사, 조리, 세탁, 개인위생, 청소, 자기관리, 건강관리, 금전관리, 교통시설 이용 등에 관한 훈련 등과, 개인이 만족스럽게 대인 관계를 발전시키고 개인의 사회적인 목적 성취를 촉진하는 사회 상황에서 적절하게 반응을 형성할 수 있는 능력을 키워 주는 대화기술, 대인 관계 기술 훈련 등이 있다(서동우, 이영문, 1999). 또한 개인의 원활한 사회복귀를 위한 사회 적응 기술 훈련도 포함된다(서동우, 이영문, 1999).

3) 직업 관련 서비스(employment service)

직업 관련 서비스는 재소자가 사회복귀 후 사회 내의 다양한 업종에 취업하는 데 필요한 기능을 연마하도록 하기 위하여 실시하는 기술교육을 말한다(이일노, 2008). 직업재활 교육 및 훈련, 취업과 관련된 일상생활 및 사회생활 훈련, 보호작업장 운영, 공공근로 연계, 임시취업, 고용 지원 등 직업 관련 서비스를 통해, 재소자들은 근로정신을 함양하고 기술을 습득하여 출소 후 사회의 한 일원으로서 경제적인 주체가 되고 싶은 욕구를 충족시킬 수 있고 독립적인 삶을 살아갈 수 있도록 도움을 받을 수 있다(김태화, 2006).

4) 의료 서비스(medical service)

국제적인 인권 기준들은 교정시설 재소자들에게 일반인과 차별 없는 의료 서비스를 제공할 것을 명시하고 있으며, 우리 행형법에도 "(교도)소장은 질병에 걸린 수용자에 대하여 병실수용 기타 적당한 치료를 하여야 하고, 수용자에 대한 적당한 치료를 하기 위하여 필요하다고 인정하는 때에는 당해 수용자를 교도소 밖에 있는 병원에 이송할 수 있다."라고 규정함으로써 재소자의 건강보호와 질병치료를 국가의 책임하에 두고 있다(최창호, 2006). 재소자들은 환경적인 여건상 정기적인 검진을 받는다는 것이 쉽지 않고 그러한 기회를 찾기가 어렵다. 의료서비스는 환자의 진단, 치료방침의 결정, 이상행동 등 증상에 대한 전문적 대처, 응급상황에의 대응, 의료서비스 제공 시설에의 입소 결정 등을 위해 필요하며, 개인이 가지고 있는 신체적 질환을 치료하기 위해 필요하다(장영태, 2001). 교도소는 신체적인 건강 상태에 대한 정기적인 진료와 교도소 내·외부에서의 치료를 통해 재소자들에게 이러한 서비스를 제공한다(장영태, 2001).

5) 정신과 의료 서비스(psychiatric treatment)

정신과 의료 서비스는 일차적으로는 재소자들의 정신과적 증상을 감소 또는 완화하고 정신과적 응급 상황 발생시 위기개입을 통해 개인의 안전을 보장하는 데 목적을 두지만, 궁극적으로는 역할 수행 또는 삶의 환경, 사회적 환경 속에서의 재소자들의 지위를 향상시키는 데 목적을 두고 실시될 수 있다(Anthony, Cohen, Farkas & Gagne, 2002). 구체적으로는 증상관리, 약물관리, 재발징후 이해, 일상생활을 통한 증상극복에 중점을 두어, 정신과진단 평가, 지속적인 사정, 상태에 대한 모니터링이 실시된다(김태화, 2006). 또한 약물관리 서비스를 통해 약물처방에 대한 교육과 약물복용의 필요성에 대한 설명, 약물효과를 최대화하고 부작용을 최소화하기 위한 모니터링, 약물의 특성과 효과, 일어날 수 있는 부작용에 대한 교육도 포함된다(김태화, 2006).

6) 상담 서비스(counseling service)

교정 시설에서 행해지는 상담 서비스는 개인 또는 집단을 대상으로 한 상담을 통해 강화, 지지, 교육 등을 실시하여 인격과 심리적 장애를 극복하고 건전한 한 인격체로 거듭나게 하며, 개인이 자신을 소중한 존재로 인식하도록 돕는다(Venson, 1977; Patrica, Michael & David, 2007). 특히 교도소라는 특수한 환경으로 인해 무능력, 위축, 주저함 등 일반인들보다 더 다양하고 심각한 정도의 심리적인 문제를 가지고 있을 수 있는 재소자들(이수정 등 2000; 이철호, 2005)에게, 개인 상담, 집단 상담, 진로·직업 상담, 위기 상담, 가족 상담과 심리검사·성격검사 등 각종 상담 서비스의 제공은 재소자들을 심리적으로 지지해 주고 이들이 자신의 욕구를 파악할 수 있게 한다(Patrica er al., 2007). 이인희(2006)는 교정 단계 중 분류심사시에 수행되는 심리검사와 상담 측정치의 효과를 확인한 연구에서, 재소자들을 대상으로 실시한 교정상담 측정치가 재소자들의 수형기간 중 문제 행동을 예측하는 데 영향력이 있고, 심리검사는 재소자들의 재범을 예측하는 데 영향력이 있는 변수라는 결과를 제시하여, 상담 서비스의 효과를 증명하였다.

7) 교육 서비스(educational service)

교육 서비스는 재소자의 학력 정도에 따라 학교과정 교육, 검정고시 교육, 방송통신 교육 등으로 구분하여 교육을 실시하여 구금으로 인한 학업중단 사태를 방지함은 물론 사회복귀 후 본인이 원하는 학업을 계속할 수 있도록 하는 데 목적을 둔 학과 교육(이일노, 2008)과, 성, 에이즈 등에 대한 교육이나 부모 교육 등 특수한 영역의 교육(엄정순, 2003)을 실시하는 것이다. 또한 약물 및 알코올 관련 교육을 통해 약물의 특성과 효과, 일어날 수 있는 부작용에 대해 교육하는 것을 포함한다(엄정순, 2003). 지역사회에 대한 교육을 통해 재소자들이 출소 후 지역사회 속으로 진입했을 때보다 가깝고 편리하게 적응하며 생활의 폭을 넓힐 수 있는 방안 마련을 위한 정보를 제공해 줄 수도 있다(엄정순, 2003).

8) 여가 및 문화생활(leisure and cultural life)

　여가활동 및 문화생활은 재소자들이 무감동적이고 소극적인 상태로 빠져들어 가는 것을 예방함과 동시에 삶의 즐거움을 증가시키고 활동과 자기표현을 북돋우며 사회화를 강화시키고 자기의 관심사에 균형을 맞추는 기능을 한다(이영호, 2006). 일반인들과 마찬가지로, 재소자들 또한 여가, 오락활동에 대한 욕구가 있지만 환경적으로 서비스가 제공되지 않거나 제공되는 여건이 제한적이어서 이러한 욕구가 충분히 충족되지 않을 수 있다. 놀이나, 미술, 음악 등 다양한 여가 및 문화활동을 통해 재소자들은 정서를 표현하고 긴장을 이완하며(강미화, 2006), 적응력을 높이고 해결능력을 키울 수 있는 기회를 제공받을 수 있다(이영호, 2006). 박선기(2000)는 취미·교양활동과 스포츠 활동, 그리고 이러한 레크리에이션 활동에 대한 만족도가 재소자들의 사회적응력에 직·간접적으로 영향을 미치고 있음을 밝혔다.

제 3 장

연구방법

제1절 연구문제 및 가설

관련 이론과 선행 연구결과의 고찰을 통해 다음과 같은 연구문제 및 가설을 설정하였다.

연구문제 1) 여성 재소자의 정신건강 상태는 어떠한가?

가설 1) 간이 정신진단검사(SCL – 90 – R: Symptom Checklist – 90 – Revised)의 증상 점수는 일반인들에 비해 여성 재소자들이 더 높을 것이다.

가설 2) 간이 정신진단검사(SCL – 90 – R: Symptom Checklist – 90 – Revised)의 증상 점수를 기준으로 한 정신건강 위험군의 비율은 일반인들에 비해 여성 재소자들에게서 더 높을 것이다.

연구문제 2) 여성 재소자의 정신건강 상태와 관련된 변인은 무엇인가?

가설 3) 여성 재소자들의 일반적 특성에 따라 정신건강 상태에는 차이가 있을 것이다.

가설 4) 학대경험이 많은 재소자일수록 간이 정신진단검사(SCL – 90 – R: Symp tom Checklist – 90 – Revised)의 증상 점수에 의해 측정되는 정신건강 수준은 낮을 것이다.

가설 5) 사회적 지지도가 높은 재소자일수록 간이 정신진단검사
(SCL‑90‑R: Symptom Checklist‑90‑Revised)의 증상
점수에 의해 측정되는 정신건강 수준은 높을 것이다.

가설 6) 학대경험, 사회적 지지도는 여성 재소자들의 정신건강
상태에 통계적으로 유의하게 영향을 미칠 것이다.

연구문제 3) 여성 재소자들이 요구하는 정신건강 서비스는 무엇
인가?

가설 7) 여성 재소자들의 일반적 특성에 따라 요구하는 정신건강
서비스에는 차이가 있을 것이다.

가설 8) 간이 정신진단검사(SCL‑90‑R: Symptom Checklist‑90
‑Revised)에 의해 측정되는 여성 재소자들의 정신건강
하위 증상의 수준과 심각도에 따라 요구하는 정신건강
서비스는 차이가 있을 것이다.

제2절 연구 대상

본 연구는 2008년도 전국의 32개 교도소 중 3개 교도소(C 여자
교도소, J 교도소, P 교도소)에 수감된 여성 재소자 300명을 연구
대상으로 설정하였다. 연구 참여 측면에서의 윤리적 문제를 고려하
여 연구 참여 동의서를 작성하게 하였으며, 기관에 협조 공문을 보
내어 공식적인 절차를 거쳐, 재소자들이 자발적으로 연구에 참여하
게 하였다.

제3절 측정도구

1) 일반적 특성

일반적 특성에 관한 설문은 인구사회학적 특성(연령, 학력, 결혼상태 등) 12개 문항과, 자녀 돌봄 상황, 18세 이전 주양육자, 약물사용 경험 및 접견과 서신 등과 관련된 19개 문항으로 구성되었다.

2) 학대경험

(1) 신체적, 정서적 학대와 방임

아동기 신체적, 정서적 학대와 방임의 경험을 측정하기 위해, Straus(1979)가 제작한 갈등 전술 척도(CTS: Conflict Tactics Scale)를 신혜영(2003)이 수정, 보완한 26개의 문항으로 구성된 척도를 사용하였다. 신체적 학대 7문항, 정서적 학대 9문항, 방임 10문항이며, 각 문항은 전혀 없었다(1점), 1년에 1～2번(2점), 한 달에 1～2번(3점), 1주일에 1～2번(4점)에 응답하도록 되어 있으며 점수가 높을수록 학대경험이 많음을 의미한다.

(2) 성 학대

아동기 성 학대경험을 측정하기 위해 장화정(1998)이 개발한 아동 학대 행동 척도를 오혜정(2004)이 수정·보완한 10개의 문항으로 구성된 척도를 사용하였다. 각 문항은 경험 없다(1점), 1회(2점), 2회(3점), 3∼5회(4점), 6∼10회(5점), 11회 이상(6점)에 응답하도록 되어 있으며 점수가 높을수록 학대경험이 많은 것을 나타낸다.

본 연구에서 사용한 신체적 학대 척도(.941)와 정서적 학대(.962), 방임(.938)과 성 학대(.965) 척도의 신뢰도 계수는 모두 .90 이상이었다.

〈표 3-1〉 학대경험 측정 도구 신뢰도

구 분	Cronbach'α
신체적 학대	.941
정서적 학대	.962
방 임	.938
성 학대	.965

3) 사회적 지지

Khan & Antonucci(1980)는 사회적 지지를 크게 감정, 긍정, 원조의 3요소로 규정하였으며, 이 정의에 따라 Abbey, Abramis 및 Caplan(1985)이 6개의 사회적 지지 문항을 고안하였다. 국내에서 전지아(1990)가 번안했으며, 유성은(1997)이 이를 일부 수정하여 7점 척도로 사용한 이 척도를 사용하였다. 각 문항에 대해 '전혀 그렇지 않다'는 1점, '매우 그렇다'는 7점이며, 점수가 높을수록 사회적 지지 정도가 높은 것을 의미한다. 사회적 지지 척도의 신뢰도 계수는 .900으로 나타났다.

<표 3-2> 사회적 지지 측정 도구 신뢰도

구 분	Cronbach'α
사회적 지지	.900

4) 정신건강 상태

　정신건강 상태 측정 도구는 Derogatis(1977)가 개발한 간이 정신 진단검사(SCL – 90 – R: Symptom Checklist – 90 – Revised)이며, 원호택(1978)이 한국판으로 표준화 작업을 마친 5점 척도 검사지를 사용하였다. SCL – 90 – R은 9개의 증상인 신체화, 강박증, 대인민감성, 우울, 불안, 적대감, 공포불안, 편집증, 정신증의 수준을 측정하는 90개의 문항으로 이루어져 있으며, 각 문항은 각각 1개의 심리적인 증상을 대표하고 있다. 오늘을 포함해서 지난 7일 동안 경험한 증상의 정도에 따라 전혀 그렇지 않다(1점), 그렇지 않다(2점), 그저 그렇다(3점), 그렇다(4점), 매우 그렇다(5점)에 응답하도록 되어 있다.

　본 연구대상으로부터 산출한 간이정신진단 검사의 신뢰도 계수와 하위 증상 차원별 내용과 문항의 구성은 <표 3 – 3>과 <표 3 – 4>와 같다. 9개 증상척도에서 .70~.90의 범위(신체화 .90, 강박증 .87, 대인민감성 .84, 우울 .90, 불안 .89, 적대감 .70, 공포불안 .85, 편집증 .76, 정신증 .84)로 나타났다.

<표 3-3> 간이 정신진단검사 신뢰도

구 분	신체화	강박증	대인 민감성	우울	불안	적대감	공포 불안	편집증	정신증
Cronbach'α (Derogatis, 1977)	.86	.86	.86	.90	.85	.84	.82	.80	.77
Cronbach'α (원호택, 1978)	.87	.83	.83	.89	.68	.68	.81	.69	.67
Cronbach'α (본 연구)	.90	.87	.84	.90	.89	.70	.85	.76	.84

<표 3-4> 간이 정신진단검사 하위증상의 특성과 문항구성

구 분	특 성	문 항
신체화 (SOM: Somatization)	신체적 괴로움을 표현한 것. 신장, 호흡, 소화기능 장애, 두통 등 신체화 기능 이상	1, 4, 12, 27, 40, 42, 48, 49, 52, 53, 56, 58
강박증 (O-S: Obsessive Compulsive)	스스로 하지 않으려는 노력에도 불구하고 어떤 생각이나 충동, 행동의 반복적인 경험	3, 9, 10, 28, 38, 45, 46, 51, 55, 65
대인민감성 (I-S: Interpersonal Sensitivity)	대인 관계에서의 자격지심, 열등감, 불편감, 부적절감	6, 21, 34, 37, 41, 61, 69, 73
우울 (DEP: Depression)	삶에 대한 관심의 철수, 동기 결여, 활력 상실, 절망감 및 자살에 대한 생각 등으로 나타나는 기분, 감정의 저조	5, 14, 15, 20, 22, 26, 29, 30, 31, 32, 54, 71
불안 (ANX: Anxiety)	신경과민, 긴장, 초조, 두려움, 울분 등 불안과 관련된 신체적 증상	2, 17, 23, 33, 39, 57, 72, 78, 80, 86
적대감 (HOS: Hostility)	분노, 공격성, 자극 과민성, 격분, 울분 등 부정적인 정서 상태를 내포하는 사고, 감정, 행동	11, 24, 63, 67
공포불안 (PHOB: Phobic Anxiety)	사회적 상황에서의 불안, 공포와 넓은 장소에 대한 공포	13, 25, 47, 50, 70, 75, 82
편집증 (PAR: Paranoid Ideation)	편집증적 사고, 투사적 사고, 적대감, 의심, 자율성에 대한 두려움 및 망상	8, 18, 43, 68, 76, 83
정신증 (PSY: Psychicicm)	가벼운 대인 관계에서의 소외로부터 정신병의 증상	7, 16, 35, 62, 77, 84, 85, 87, 88, 90

출처: 김성필, 교정시설청소년과 일반청소년의 정신건강 비교 연구, 2001.

5) 정신건강 서비스 만족도 및 요구 서비스

정신건강 서비스 만족도는 현재까지 경험한 정신건강 서비스에 대해 얼마나 만족감을 느끼는지를 5점 척도로 측정하여, 매우 불만이다(1점), 대체로 불만이다(2점), 보통이다(3점), 대체로 만족한다(4점), 매우 만족한다(5점)로 점수를 내었다.

요구하는 서비스는 위기개입 서비스, 일상생활 훈련, 직업 관련 서비스, 의료 서비스, 정신과 의료 서비스, 상담 서비스, 교육 서비스 그리고 여가 및 문화생활로 구분하여 각 서비스마다 세부적인 항목에 대한 요구도를 5점 척도로 측정하였다. 각 문항에 대해 전혀 필요하지 않다(1점), 별로 필요하지 않다(2점), 보통이다(3점), 약간 필요하다(4점), 매우 필요하다(5점)에 응답하도록 되어 있다.

본 연구에서 사용한 설문지의 전체 구성은 다음과 같다.

〈표 3-5〉 본 연구에서 사용한 설문지 구성

개 념	측정내용	문항 수
일반적 특성	나이, 결혼상태, 학력, 경제 수준, 자녀 돌봄 상황, 주양육자, 약물사용 경험, 접견, 서신 관련 변인 등	31
학대경험	신체적 학대	7
	정서적 학대	9
	방 임	10
	성 학대	10
사회적 지지	가족, 친지, 지인들이 자신을 대하는 태도, 행동에 대한 인식	11
정신건강 상태	신체화, 강박증, 대인민감성, 우울, 불안, 적대감, 공포불안, 편집증, 정신증	90
정신건강 서비스 만족도	경험한 서비스에 대한 만족 여부	1
정신건강 서비스 요구도	위기개입, 일상생활 훈련, 직업 관련, 의료, 정신의료, 상담, 교육, 여가 및 문화생활 서비스	29
전 체	198	

제4절 절차 및 분석

조사 실시를 위해 3개 교도소 담당자들에게 관련 공문을 발송하고 연구를 시작하였다. 설문조사는 2008년 4월 2일부터 4월 15일에 걸쳐 약 2주간에 걸쳐 실시되었다. C 여자교도소의 경우 기관의 형편상 재소자들과의 직접 접촉이 어려워 연구자가 설문에 관해 기관담당자에게 충분히 설명하여 주고 교도소 측에서 설문을 실시하였으며, J 교도소, P 교도소의 경우에는 교도소 내에서 연구자가 직접 설문을 실시하였다. 각 담당 교도관에게 연구의 목적 및 설문지의 내용을 교육하고 재소자가 설문지에 충실히 응할 수 있도록 협조를 구하였다.

설문에 소요된 시간은 평균 30분 정도였으며, 설문은 작성 직후 회수하였다. 연구 특성상 설문에 답하는 과정에서 심리적인 불편감을 겪거나 개인적으로 더 깊이 있는 이야기를 나누기를 희망하는 재소자가 있을 가능성을 염두에 두고 추가적으로 개인 면담을 신청할 수 있도록 하였다.

총 300부를 배포하였으나, 문맹자와 고령자 등 재소자들의 개인적 특성으로 인한 질문 내용의 이해 부족이 명확한 설문지와 내용 기재가 부실한 설문지를 제외하고 최종 270부가 분석에 사용되었다.

수집된 자료는 SPSS 15.0 version을 이용하여 다음과 같은 방법으로 분석하였다.

첫째, 재소자들의 인구사회학적 특성 등 일반적인 특성은 빈도와 백분율을 산출하는 빈도분석을 실시하였다.

둘째, 재소자들의 정신건강 상태는 빈도와 백분율을 산출하는 빈도분석을 실시하였다.

셋째, 인구사회학적 특성 등 일반적 특성에 따른 정신건강 상태의 차이를 분석하기 위해 t - test와 One - Way Anova를 실시하였다.

넷째, 학대경험, 사회적 지지도와 정신건강 상태의 관계를 알아보기 위해 Pearson 상관분석을 실시하였다.

다섯째, 학대경험, 사회적 지지도가 정신건강 상태에 미치는 영향을 분석하기 위해 다중회귀분석을 실시하였다.

여섯째, 재소자들은 정신건강 서비스 만족도와 요구 수준을 알아보기 위해 빈도와 백분율을 산출하는 빈도분석을 실시하였다.

제 4 장

여성 재소자의 일반적 특성

제1절 인구사회학적 변인

연령은 30, 40대가 각각 85명(31.5%), 84명(31.1%)으로 가장 많았으며, 그다음으로 50대가 55명(20.4%)을 차지하였다. 학력은 고졸 이하가 응답자의 120명(44.4%)으로 가장 많았으며, 그다음이 대학재학·전문대 졸업이 50명(18.5%), 대학 졸업이 37명(13.7%) 순이었다. 결혼 상태의 분포는 기혼이 115명(42.6%)으로 가장 많았으며, 이혼과 미혼이 55명(20.4%), 47명(17.4%)을 각각 차지하였다.

제2절 종교 관련 변인

종교는 기독교가 132명(48.9%)으로 가장 많았으며, 불교가 77명(28.5%)을 차지하여 두 번째로 많았다. 천주교와 기타는 각각 41명(15.2%), 9명(3.3%)을 차지하였다. 종교모임에 참석하는 횟수는 '일주일에 한 번'이라는 답이 169명(62.5%)으로 가장 많았으며 '일주일에 두 번 이상'이 23명(8.5%)으로 두 번째였다. 종교가 삶에 미치는 영향 정도는 '매우 많은 영향을 미친다'라는 응답을 한 재소자가 82명(30.4%)으로 가장 많았으며 '보통이다'라는 답이 71명(26.3%)

으로 두 번째였다. '꽤 영향을 미친다'와 '조금 영향을 미친다'라는 각각 51명(18.9%), 31명(11.5%)이 그다음 순이었다.

제3절 가족 관련 변인

자녀수는 2명이라고 답한 응답자가 93명(34.4%)으로 가장 많았으며, 1명이라고 답한 응답자가 64명(23.7%)으로 두 번째였다. 자녀가 현재 돌봄을 잘 받고 있는지를 묻는 질문에서, 응답자 160명(59.3%)이 '예'라고 답했으며 '아니오'와 '모르겠다'는 각각 35명(12.9%)과 11명(4.1%)을 차지하였다. 현재 자녀를 돌보는 사람이 누구인지를 묻는 질문에서는 89명(33.0%)이 '아버지'라고 답해 가장 높은 비율을 차지했으며, '친조부모'라는 답은 38명(14.1%)이하였다. 가정의 월평균 수입을 묻는 질문에서는 '400만 원 이상'이라고 답한 응답자가 57명(21.1%)으로 가장 많았으며, '300만~400만 원 미만'이 42명(15.6%), '250만~300만 원 미만' 34명(12.6%)이었다. '50만 원 미만'과 '50만~100만 원 미만'이 각각 12명(4.4%)과 24명(8.9%)으로 응답자 중 가장 낮은 비율을 차지하였다. 18세 이전까지 재소자들의 주양육자를 묻는 질문에서는 '친부모'라는 답이 209명(77.4%)으로 가장 많았고, 그다음이 '양부모' 22명(8.1) 순이었다.

제4절 직업 관련 변인

응답자 270명 중 260명이 교도소 입소 전 직업이 있었고, '판매 및 생산직, 서비스직'이 119명(44.1%)으로 가장 많았으며, 그다음이 '주부' 65명(24.1%), 사무직 30명(11.1%) 순이었다. 직업 활동 당시 월평균 수입을 묻는 질문에서는 '300만 원 이상'이 80명(29.6%)으로 가장 많았으며, '100만~150만 원 미만'이 45명(16.7%)으로 그 다음을 차지하였다.

제5절 약물 관련 변인

약물 사용 경험을 묻는 질문에서는 57명(22.4%)이 '있다'고 답했으며, '아니다'가 197명(77.6%), 무응답이 16명(5.9%)을 차지하였다. 사용한 약물 종류로는 술과 담배가 각각 24명(8.9%), 21명(7.8%)으로 가장 많은 응답 비율을 나타냈으며, 그다음이 진통제(20명, 7.4%), 신경안정제(13명, 4.8%) 순이었다. 약물 사용 기간은 '2~3년 미만'이 13명(22.8%)으로 가장 많은 응답 비율을 나타냈으며, 그다음이 '1년 미만' 11명(19.3%), '3~5년 미만' 10명(17.6%) 순이었다. 약물 시작 동기의 경우, '정신적 고통을 줄이기 위해'라는 답이 20명(7.4%)으로 가장 많았으며, 두 번째는 신체질병 치료 등의 이유라고 답한 기타 의견이 많았다(20명, 7.4%).

제6절 범죄 관련 변인

범죄명은 '재산범죄'와 '강력범죄'가 각각 120명(44.4%)과 103명 (38.1%)으로 다수를 차지하였으며, 그다음이 '특별법범죄' 24명 (8.9%), '기타형법범죄' 18명(6.7%) 순이었다. 누진급수는 '4급'이 94명(34.8%)으로 가장 많았고, 그다음이 '3급' 72명(26.7%), '2급' 71명(26.3%) 순이었다. 수형기간은 '1년~3년 이하'가 88명(32.65)으로 가장 많았으며, 그다음이 '3년~5년 이하'로 49명(18.1%)이었다. 잔여 형기는 '1년~3년 이하'와 '1년 이하'가 각각 74명(27.45%)과 46명(17.0%)으로 가장 많은 분포를 차지하였다. 전과는 '초범'이 209명(77.4%)으로 가장 많았으며, 두 번째가 '2회'로 25명(9.3%)이었다. 전체 재소자의 대상자의 평균 전과는 1.4회였다.

제7절 접견 및 서신 관련 변인

월평균 접견 횟수는 '4회'라고 답하는 응답자가 62명(23.0%)으로 가장 많았으며, 두 번째가 '1회'로 60명(22.2%)이었다. 접견 횟수에 대한 주관적인 인식 상태를 묻는 질문에서, '보통이라고 생각한다' 라는 답이 145명(53.7%)으로 가장 많았으며, '자주 온다고 생각한다'와 '적다고 생각한다'가 각각 48명(17.8%), 37명(13.7%)을 차지하였다. 접견 횟수에 대한 만족도를 묻는 질문에서, '대체로 만족한다'라는 응답이 101명(37.4%)으로 가장 많았으며, '보통이다'와 '매우 만족한다'가 각각 97명(35.9%), 45명(16.7%)을 차지하였다. 월평균 서신(우편, 인터넷, 접견 서신 등) 횟수는 '1통～5통'이라고 답하는 응답자가 74명(27.4%)으로 가장 많았으며, 두 번째가 '6통～10통'으로 60명(22.2%)이었다. 서신 횟수에 대한 주관적인 인식 상태를 묻는 질문에서, '보통이라고 생각한다'라는 응답이 153명(56.7%)으로 가장 많았으며, '자주 온다고 생각한다'와 '적다고 생각한다'가 각각 58명(21.5%), 26명(9.6%)을 차지하였다. 서신 횟수에 대한 만족도를 묻는 질문에서, '보통이다'라는 응답이 119명(44.1%)으로 가장 많았으며, '대체로 만족한다'와 '매우 만족한다'가 각각 95명(35.2%), 36명(13.35)을 차지하였다. 접견의 중요도에 대한 대상자의 주관적인 인식을 묻는 질문에서는 '중요하다'라는 응답이 116명(43.0%)으로 가장 많았으며, 그다음으로 '매우 중요하다'와 '보통이다'가 각각 96명(35.6%), 48명(17.8%)을 차지하였다. 서신의 중요도에 대한 대상자의 주관적인 인식을 묻는 질문에서는 '중요하다'라는 응답이 116명(43.0%)으로 가장 많았으며, '매우 중요하다'와 '보통이다'가 각각 85명(31.5%), 55명(20.45)을 차지하였다. 접견과 서신을 통해 정서적 위로를 받는지를 묻는 질문에서는 '매우 그렇다'라고 답하는 응답자가 126명(46.7%)으로 가장 많았으며, '대체로 그렇다'와 '보통이다'라는 답이 각각 95명(35.2%), 38명(14.1%)을 차지하였다.

제 5 장

여성 재소자의 학대경험과 사회적 지지도

제1절 학대경험과 사회적 지지도

여성 재소자들의 학대경험과 사회적 지지도의 실태를 알아보기 위해 학대경험의 총점수와 사회적 지지도에 대한 기술통계 분석을 실시하였다. 결과는 <표 5-1>에 나타내었다.

〈표 5-1〉 여성 재소자의 학대경험과 사회적 지지도

구분(범위)	최소치	최대치	평균	표준편차
총학대 점수(36~164점)	36점	146점	40.77점	14.00점
사회적 지지도(11~77점)	38점	77점	63.08점	10.37점

제2절 여성 재소자의 학대경험과 사회적 지지도와의 관계

여성 재소자들의 학대경험(총학대 점수)과 사회적 지지도와의 관계를 알아보기 위해 Pearson 상관분석을 실시하였다. 결과는 <표 5-2>에 나타내었다.

〈표 5-2〉 여성 재소자의 학대경험과 사회적 지지도와의 관계

	학대경험	사회적 지지도
학대경험	-.265**	1.000
사회적 지지도	1.000	-.265**

$**p < .01$

결과를 살펴보면, 학대경험과 사회적 지지도는 p〈.01 수준에서 부적인 관계가 나타나, 학대경험이 많은 재소자일수록 사회적 지지도가 낮은 것을 알 수 있다.

제3절 여성 재소자의 일반적 특성과 학대경험과의 관계

여성 재소자들의 일반적 특성과 학대경험(학대 총점수)과의 관계를 알아보기 위해 Pearson 상관분석을 실시하였다. 결과는 <표 5-3>에 나타내었다.

<표 5-3> 여성 재소자의 일반적 특성과 학대경험과의 관계

	나이	자녀수	수입	가정 수입	약물 경험	약물 사용기간	접견 인식	접견 만족	접견 중요도	서신 중요도
학대경험	-.142*	.168**	-.153*	-.176**	-.217**	-.217**	-.128*	-.150*	-.138*	-.265**

*p〈.05, **p〈.01

결과를 살펴보면, 학대경험과 나이는 p〈.05 수준에서 부적인 관계가 나타나, 나이가 적은 재소자일수록 학대경험이 많음을 알 수 있다. 또한 학대경험과 자녀수는 p〈.01 수준에서 정적인 관계로 자녀수가 많은 재소자일수록 학대경험이 많음을 알 수 있고, 학대경험과 직업 활동 당시 수입, 가정의 월평균 수입은 각각 p〈.05, p〈.01 수준에서 부적인 관계로 재소자 본인의 수입과 가정의 수입이 적을수록 학대경험이 많았다. 약물사용 경험 여부와 약물 사용 기간은

p ⟨ .01 수준에서 부적인 관계를 나타내 약물사용 경험이 있고 약물사용 기간이 길수록 학대경험이 많았다. 접견 횟수에 대한 인식과 학대경험은 p ⟨ .05 수준에서 부적인 관계가 나타나 횟수가 적다고 생각하는 재소자일수록을 학대경험이 많고, 접견 횟수에 대한 만족도, 중요도는 p ⟨ .01 수준에서, 서신의 중요도는 p ⟨ .05 수준에서 부적인 관계인 관계로, 접견에 대한 만족도와 중요도, 서신의 중요도가 적다고 인식하는 재소자일수록 학대경험이 많은 것을 알 수 있다.

제4절 여성 재소자의 일반적 특성과 사회적 지지도와의 관계

여성 재소자들의 일반적 특성과 사회적 지지도와의 관계를 알아보기 위해 Pearson 상관분석을 실시하였다. 결과는 <표 5 - 4>에 나타내었다.

<표 5 - 4> 여성 재소자의 일반적 특성과 사회적 지지도와의 관계

	학력	수입	가정 수입	약물 경험	전과	접견 인식	접견 만족	서신인식	서신만족	접견 중요도	서신 중요도	접견 서신 위로
사회적 지지도	.204**	.214**	.240**	.105**	- .248**	.302**	.348**	.270**	.335**	.363**	.336**	.308**

**p ⟨ .01

결과를 살펴보면, 사회적 지지도와 학력은 p ⟨ .01 수준에서 정적인 관계인 것으로 나타나, 학력이 높은 재소자일수록 사회적 지지도가 높음을 알 수 있다. 또한 사회적 지지도와 재소자 본인의 수입, 가정의 수입은 p〈.01 수준에서 정적인 관계를 나타내 본인의 수입과 가정의 수입이 많을수록 사회적 지지도가 높음을 알 수 있다. 약물사용 경험과 사회적 지지도는 p〈.01 수준에서 부적인 관계로 경험이 없는 재소자의 사회적 지지 정도가 높았고, 사회적 지지도와 전과 기록은 p〈.01 수준에서 부적인 관계를 나타내 전과 기록이 적을수록 사회적 지지도가 높은 것으로 나타났다. 접견·서신의 횟수에 대한 인식과 사회적 지지도는 p〈.05 수준에서 정적인 관계가 나타나 횟수가 많다고 생각하는 재소자일수록을 사회적 지지도가 높고, 접견·서신의 횟수에 대한 만족도, 접견·서신의 중요도와 사회적 지지도는 모두 p〈.01 수준에서 정적인 관계로 만족도와 중요도가 클수록 재소자의 사회적 지지도는 낮음을 알 수 있다. 접견·서신의 정서적 위로 효과 여부와 사회적 지지도는 p〈.01 수준에서 정적인 관계를 나타내, 위로 효과가 크다고 하는 재소자의 사회적 지지도가 높다.

제 6 장

여성 재소자의 정신건강 상태

제1절 일반인과 여성 재소자의 정신건강 상태 비교

여성 재소자들의 정신건강 상태를 알아보기 위해 SCL-90-R를 사용하여 전체 심도지수(GSI)와 각 하위 증상 차원을 측정하였다. <표 6-1>에는 전체 심도지수와 각 하위 증상 차원의 평균값과 표준편차가 나타나 있다. 이 검사의 모든 증상 차원과 지표는 규준집단 T점수 평균이 50점이며 표준편차가 10점이며, '이상군'을 나타내는 기준 T점수는 70점 이상이다. 규준집단의 위험군 비율은 2.5%이다.

<표 6-1>에는 여성 재소자들의 전체 심도지수와 각 하위 증상 차원의 평균과 표준편차가 나타나 있다.

〈표 6-1〉 여성 재소자의 간이정신진단 검사 결과

(n=270)

	최소치	최대치	평균	표준편차	70점 이상(위험군)
신체화	35	92	47.04	10.56	7명(2.6%)
강박증	31	82	42.23	9.74	6명(2.2%)
대인민감성	34	84	43.64	8.88	5명(1.9%)
우 울	3	81	43.53	9.58	5명(1.9%)
불 안	35	90	43.70	8.85	5명(1.9%)
적대감	38	77	43.75	7.04	3명(1.1%)
공포불안	2	105	45.22	9.80	10명(3.7%)
편집증	38	82	44.90	8.39	5명(1.9%)
정신증	36	93	45.82	8.48	6명(2.2%)
전체 심도지수	4	93	43.00	10.21	7명(2.6%)

결과를 살펴보면, 여성 재소자들의 전체 심도지수와 전 하위 증상에 걸쳐 평균이 50점을 넘지 않는 정상 범위 내에 있는 것으로 나타났다. 이는 여성 재소자들이 특정한 정신적 증상을 갖지 않는, 심리적으로 정상군임을 나타낸다.

또한 전체 심도지수에서 70점 이상의 점수를 나타내는 여성 재소자의 비율은 2.6%이고, 각 하위 증상에서도 70점 이상의 점수를 나타내는 비율이 규준집단과 차이가 나지 않았다.

제2절 정신건강 위험군의 일반적 특성

SCL-90-R 전체 심도지수 70점 이상으로 위험군인 재소자 7명의 일반적인 특성을 알아보았고, 결과를 <표 6-2>에 나타내었다.

〈표 6-2〉 정신건강 위험군의 일반적 특성(n=7)

구 분		빈도(%)
나 이	30대	1(14.3)
	40대	5(71.4)
	무응답	1(14.3)
학 력	초등 이하	1(14.3)
	중졸 이하	1(14.3)
	고졸 이하	4(57.1)
	대재·전문재졸	1(14.3)
종 교	기독교	3(42.9)
	불교	3(42.9)
	천주교	1(14.3)
결혼상태	기혼	6(85.7)
	재혼	1(14.3)

구 분		빈도(%)
자녀수	없음	1(14.3)
	1명	1(14.3)
	2명	4(42.9)
	4명	1(14.3)
직 업	주부	3(42.9)
	판매생산서비스직	2(28.6)
	기술직	1(14.3)
	무직	1(14.3)
주양육자	친부모	3(42.9)
	편부모	4(57.1)
약물 경험 유무	유	5(71.4)
	무	2(28.6)
약물 사용 동기	정신적 고통 감소	4(57.1)
	기타	1(14.3)
	해당사항 없음	2(28.6)
범죄명	재산범죄	3(42.9)
	강력범죄	1(14.3)
	기타(약물범죄, 풍속범죄 등)	1(14.3)
	특별법범죄	2(28.6)
형 기	1~3년 미만	4(57.1)
	3~5년 미만	2(28.6)
	5~7년 미만	1(14.3)
산여 형기	3개월 이하	1(14.3)
	1년 미만	3(42.9)
	1~3년 미만	2(28.6)
	3~5년 미만	1(14.3)
전 과	초범	4(57.1)
	5회 이상	3(42.9)

제 7 장

여성 재소자들의 정신건강 상태에
영향을 미치는 변인

제1절 여성 재소자의 일반적 특성에 따른 정신건강 상태

여성 재소자들의 일반적 특성에 따른 정신건강 상태의 차이를 알아보기 위해 각 변인들과 정신건강 척도 간 t-test 및 Anova를 실시하였고, 통계적으로 유의한 차이를 보이는 결과들만 <표 7-1>에 제시하였다.

결과를 살펴보면, 일반적 특성 변인들 중 전체 심도지수에서 통계적으로 유의한 차이를 나타낸 변인은 자녀 돌봄 상태(F=9.383, p<.001)와 약물사용 경험(T=3.465, p<.01), 약물사용 기간(F=3.245, p<.01), 약물 사용 동기(F=4.173, p<.01), 그리고 전과기록(F=4.652, p<.01)이었다.

즉, 자녀가 돌봄을 잘 받고 있고 약물사용 경험이 없으며, 약물사용 기간이 1~2년 미만인 재소자, 그리고 약물을 복용하기 시작한 동기가 단순한 체중감소이며 전과기록이 적은 재소자의 증상점수가 가장 낮아, 정신건강 상태가 가장 양호한 것으로 나타났다.

〈표 7-1〉 여성 재소자의 일반적 특성에 따른 전체 심도지수의 차이

	자녀 돌봄 상태	약물사용 경험	약물사용 기간	약물사용 동기	전과기록
전체 심도지수	9.383***	3.465**	3.245***	4.173**	4.652**

**p<.01, ***p<.001

일반적인 특성에 따른 정신건강 상태의 차이를 구체적으로 알아보기 위해 각 변인들과 SCL - 90 - R의 전체 심도지수 및 각 하위 증상 간 t - test 및 Anova를 실시하였고, 통계적으로 유의한 차이를 보이는 변인은 학력과 종교, 자녀 돌봄 상태, 주양육자, 약물사용 경험, 약물사용 기간, 약물사용 동기, 수형기간, 전과, 서신 횟수였다. 세부적인 연구 결과는 다음에 제시되어 있다.

1) 학력에 따른 정신건강 상태

학력에 따른 재소자의 전체 심도지수와 각 증상 차원의 차이를 알아보기 위해 Anova를 실시하였고, 결과를 <표 7 - 2>에 나타내었다.

〈표 7 - 2〉 학력에 따른 정신건강 상태

	전 체	신체화	강박증	대 인 민감성	우 울	불 안	적대감	공 포 불 안	편집증	정신증
	M (SD)	M (SD)	M (SD)	M (SD)	M (SD)	M (SD)	M (SD)	M (SD)	M (SD)	M (SD)
초등 이하	45.84 (12.61)	50.21 (12.49)	44.53 (11.93)	46.11 (1271)	45.74 (12.07)	46.00 (10.74)	45.95 (10.51)	45.74 (9.69)	46.37 (11.41)	47.84 (1152)
중졸 이하	45.26 (12.53)	48.29 (13.07)	44.41 (10.47)	43.53 (8.93)	46.26 (11.48)	45.32 (11.25)	44.38 (7.41)	49.41 (13.72)	44.41 (7.62)	48.03 (1056)
고졸 이하	42.78 (9.49)	46.06 (10.05)	42.34 (10.27)	43.69 (8.26)	43.23 (8.19)	43.54 (8.41)	43.38 (6.73)	44.87 (9.53)	44.38 (7.65)	45.46 (7.78)
대재 · 전문 대졸	42.68 (9.34)	47.32 (8.51)	41.20 (8.63)	43.28 (9.65)	42.98 (9.01)	43.26 (8.02)	43.60 (7.05)	44.56 (9.21)	45.50 (9.81)	45.76 (9.03)
대 졸	41.24 (7.86)	46.08 (9.81)	40.24 (7.43)	42.54 (7.78)	40.51 (10.53)	41.76 (7.48)	43.40 (5.91)	43.16 (6.36)	45.16 (7.57)	44.03 (6.10)
대학원 이상	49.40 (11.22)	55.60 (10.62)	45.80 (10.32)	48.00 (10.22)	51.60 (129.2)	47.60 (12.62)	46.00 (8.49)	46.20 (11.67)	49.00 (11.92)	49.60 (6.15)

	전 체	신체화	강박증	대 인 민감성	우 울	불 안	적대감	공 포 불 안	편집증	정신증
	M (SD)	M (SD)	M (SD)	M (SD)	M (SD)	M (SD)	M (SD)	M (SD)	M (SD)	M (SD)
F	1.300	1.378	1.096	.652	2.274	1.055	.600	1.668	.517	1.238
P	.264	2.33	.363	.660	.048*	.386	.700	.143	.763	.265

*$p < .05$

결과를 살펴보면, 통계적으로 유의한 수준은 아니었으나, 전체 심도지수를 비롯하여 대부분의 하위 증상 차원에서 대학원 이상 집단의 증상 점수가 가장 높았으며, 대졸 집단이 가장 낮았다. 또한 우울증 차원에서 F = 2.274, p < .05로 통계적으로 유의한 차이가 있는 것으로 나타났다. 집단 간의 구체적인 차이를 알아보기 위해 Scheffe 사후검증을 실시한 결과, 대졸 집단과 대학원 이상 간 차이가 가장 크게 나왔으나 통계적으로 유의한 수준은 아니었다.

2) 종교가 삶에 미치는 영향력에 따른 정신건강 상태

종교가 삶에 미치는 영향력에 따른 재소자의 전체 심도지수와 각 증상 차원의 차이를 알아보기 위해 Anova를 실시하였고, 결과를 <표 7 - 3>에 나타내었다.

<표 7-3> 종교가 삶에 미치는 영향력에 따른 정신건강 상태

	전 체	신체화	강박증	대 인 민감성	우 울	불 안	적대감	공 포 불 안	편집증	정신증
	M (SD)	M (SD)	M (SD)	M (SD)	M (SD)	M (SD)	M (SD)	M (SD)	M (SD)	M (SD)
매우 많은 영향을 미친다	42.46 (9.85)	47.14 (11.97)	41.12 (9.01)	42.90 (7.77)	42.98 (10.20)	42.45 (8.96)	42.56 (6.45)	45.21 (9.42)	44.09 (6.79)	45.15 (7.47)
꽤 영향을 미친다	42.37 (10.19)	46.17 (9.66)	41.41 (10.17)	42.72 (8.82)	42.52 (8.03)	42.86 (8.82)	43.86 (7.38)	44.33 (11.68)	44.70 (9.31)	44.96 (9.28)
보통이다	44.02 (12.41)	47.64 (10.55)	43.94 (11.43)	45.47 (10.79)	45.25 (10.16)	45.19 (10.09)	45.21 (8.22)	46.38 (11.07)	45.97 (9.45)	47.01 (10.40)
조금 영향을 미친다	42.32 (6.98)	43.67 (11.18)	42.35 (7.59)	43.29 (8.62)	43.77 (7.32)	43.51 (6.12)	43.61 (5.63)	45.41 (7.72)	42.90 (6.70)	46.45 (6.68)
전혀 영향을 미치지 않는다	48.66 (9.87)	58.66 (11.18)	47.77 (11.26)	45.55 (9.83)	47.33 (9.20)	48.22 (10.15)	47.88 (7.91)	44.00 (8.46)	47.88 (8.23)	47.22 (7.93)
F	.779	2.962	1.252	.880	1.093	1.304	1.615	.309	2.000	.537
P	.566	.013*	.286	.495	.365	.263	.156	.907	.079	.748

*$p < .05$

결과를 살펴보면, 통계적으로 유의한 수준은 아니었으나, 전체 심도지수를 비롯하여 대부분의 하위 증상 차원에서 '전혀 삶에 영향을 미치지 않는다'라고 응답한 재소자의 증상 점수가 가장 높았으며, '매우 많은 영향을 미친다'라고 응답한 재소자의 점수가 가장 낮았다. 신체화 차원에서 $F = 2.962$, $p < .05$로 통계적으로 유의한 차이가 있는 것으로 나타났다. 집단 간의 구체적인 차이를 알아보기 위해 Scheffe 사후검증을 실시한 결과, '종교가 전혀 삶에 영향을 미치지 않는다'라고 답한 재소자들의 신체화 정도가 다른 집단에 비해 $p < .05$ 수준에서 통계적으로 유의하게 증상 점수가 높았다.

3) 자녀 돌봄 상태에 따른 정신건강 상태

자녀 돌봄 상태에 따른 재소자의 전체 심도지수와 각 증상 차원
의 차이를 알아보기 위해 Anova를 실시하였고, 결과를 <표 7 - 4>
에 나타내었다.

〈표 7 - 4〉 자녀 돌봄 상태에 따른 정신건강 상태

	전 체	신체화	강박증	대 인 민감성	우 울	불 안	적대감	공 포 불 안	편집증	정신증
	M (SD)	M (SD)	M (SD)	M (SD)	M (SD)	M (SD)	M (SD)	M (SD)	M (SD)	M (SD)
예	40.71 (8.17)	44.83 (8.30)	40.19 (7.72)	41.95 (7.72)	41.52 (8.06)	41.86 (6.70)	42.47 (5.72)	43.98 (7.38)	43.11 (6.84)	44.04 (6.72)
아 니 오	50.61 (15.39)	54.57 (14.68)	48.53 (14.43)	49.15 (13.15)	50.80 (13.58)	49.26 (13.64)	48.03 (10.69)	51.11 (16.90)	50.53 (11.66)	51.61 (13.91)
모르 겠다	46.09 (7.84)	51.45 (14.59)	45.09 (12.58)	44.81 (10.52)	45.90 (10.49)	46.36 (11.02)	46.18 (9.08)	45.36 (9.99)	46.72 (10.52)	46.81 (7.84)
F	9.383	8.754	7.569	6.537	8.566	7.369	6.208	4.223	8.269	7.904
P	.000***	.000***	.000***	.000***	.000***	.000***	.000***	.006**	.000***	.000***

*p < .01, ***p < .001

결과를 살펴보면, 전체 심도지수와 전 하위 증상 차원에서 p < .001
수준에서 자녀가 돌봄을 잘 받고 있다고 응답한 재소자가 잘 받고
있지 않다고 응답한 재소자에 비해 건강했다. 집단 간의 구체적인
차이를 알아보기 위해 Scheffe 사후검증을 실시한 결과, 자녀가 돌
봄을 잘 받고 있는지 '모르겠다'라고 응답한 재소자를 기준으로,
'돌봄을 잘 받고 있지 않다'라고 응답한 재소자가 전 영역에 걸쳐
'돌봄을 잘 받고 있다'고 대답한 재소자에 비해 p < .05 수준에서 통
계적으로 유의하게 증상 점수가 높았다.

4) 주양육자에 따른 정신건강 상태

18세 이전 주양육자에 따른 재소자의 전체 심도지수와 각 증상 차원의 차이를 알아보기 위해 Anova를 실시하였고, 결과를 <표 7 -5>에 나타내었다.

<표 7-5> 주양육자에 따른 정신건강 상태

	전 체	신체화	강박증	대 인 민감성	우 울	불 안	적대감	공 포 불 안	편집증	정신증
	M (SD)	M (SD)	M (SD)	M (SD)	M (SD)	M (SD)	M (SD)	M (SD)	M (SD)	M (SD)
친부모	42.26 (9.54)	46.34 (9.96)	41.67 (9.21)	43.04 (8.41)	42.79 (9.80)	43.24 (8.18)	43.51 (6.86)	44.38 (8.95)	44.18 (7.26)	45.47 (7.98)
양부모	43.00 (7.75)	47.81 (9.37)	40.95 (6.90)	43.22 (7.00)	44.68 (9.23)	42.59 (7.39)	42.31 (4.64)	46.00 (8.41)	45.31 (7.45)	44.59 (6.17)
편부모	51.33 (18.36)	54.60 (15.82)	49.80 (17.83)	49.20 (14.70)	49.80 (14.94)	50.33 (16.77)	47.80 (11.23)	53.33 (17.95)	53.53 (16.86)	51.40 (15.86)
조부모	45.33 (12.85)	42.33 (5.13)	44.00 (12.52)	53.33 (15.37)	44.00 (13.00)	43.66 (9.81)	44.33 (6.02)	53.33 (18.92)	47.33 (7.02)	49.33 (12.74)
친척	47.00 (9.78)	49.71 (10.35)	46.28 (6.75)	48.28 (9.65)	46.00 (7.87)	47.00 (7.95)	47.57 (9.50)	50.00 (10.03)	45.85 (11.66)	51.14 (8.51)
계부모	43.00 (9.89)	42.00 (8.48)	42.00 (5.65)	49.00 (8.48)	46.00 (15.55)	44.50 (10.60)	44.00 (5.65)	48.00 (11.31)	45.50 (7.77)	42.00 (1.41)
기타	44.10 (8.51)	51.00 (13.90)	43.80 (9.08)	42.80 (4.63)	45.80 (9.27)	44.40 (7.45)	43.70 (5.20)	43.30 (3.80)	45.40 (7.80)	44.40 (4.37)
F	1.806	1.832	1.695	1.939	1.315	1.494	1.220	2.460	2.714	1.764
P	.086	.081	.110	.064	.243	.170	.292	.019*	.010*	.095

*p < .05

결과를 살펴보면, 통계적으로 유의한 수준은 아니었으나 전체 심도지수에서 18세 이전 주양육자가, 하위 증상 차원 중에서는 '편부모'인 경우 증상 점수가 가장 높았고, 공포불안 차원에서 $F = 2.460$, $p < .05$, 편집증 차원에서 $F = 2.714$, $p < .05$로 통계적으로 유의한

차이를 나타냈다. 집단 간의 구체적인 차이를 알아보기 위해 Scheffe 사후검증을 실시한 결과, 공포불안 차원에서는 '편부모'와 '조부모'인 경우 증상 점수가 가장 높게 나왔으나 통계적으로 유의한 차이는 아니었고, 편집증 차원에서 '편부모'와 '친부모' 집단 간 차이가 가장 크게 나왔으며, '편부모'인 경우가 p〈.05 수준에서 통계적으로 유의하게 증상 점수가 높았다.

5) 약물사용 경험에 따른 정신건강 상태

약물사용 경험에 따른 재소자의 전체 심도지수와 각 증상 차원의 차이를 알아보기 위해 t-test를 실시하였고, 결과를 <표 7-6>에 나타내었다.

〈표 7-6〉 약물사용 경험에 따른 정신건강 상태

	전체	신체화	강박증	대인 민감성	우울	불안	적대감	공포 불안	편집증	정신증
	M (SD)	M (SD)	M (SD)	M (SD)	M (SD)	M (SD)	M (SD)	M (SD)	M (SD)	M (SD)
있다	47.03 (12.92)	51.19 (13.15)	45.92 (12.42)	45.92 (10.30)	46.75 (11.46)	47.66 (11.54)	45.73 (8.77)	48.15 (13.95)	46.84 (9.56)	48.24 (11.52)
없다	41.85 (8.89)	45.72 (9.23)	41.35 (8.63)	43.13 (8.31)	42.55 (8.45)	42.68 (7.73)	43.04 (5.99)	44.42 (8.24)	44.28 (7.95)	45.20 (7.23)
T	3.465	3.544	3.166	2.114	3.030	3.799	2.666	2.530	2.039	2.414
P	.001**	.000***	.002**	.035*	.003**	.000***	.008**	.012*	.042*	.016*

*p〈.05, **p〈.01, ***p〈.001

결과를 살펴보면, 전체 심도지수를 비롯해 전 하위 증상 차원에서 통계적으로 유의한 차이를 나타냈다. 약물사용 경험이 '있다'고 응답한 재소자가 통계적으로 유의하게 증상 점수가 높았다.

6) 약물사용 기간에 따른 정신건강 상태

약물사용 기간에 따른 재소자의 전체 심도지수와 각 증상 차원의 차이를 알아보기 위해 Anova를 실시하였고, 결과를 <표 7-7>에 나타내었다.

〈표 7-7〉 약물사용 기간에 따른 정신건강 상태

	전 체	신체화	강박증	대 인 민감성	우 울	불 안	적대감	공 포 불 안	편집증	정신증
	M (SD)	M (SD)	M (SD)	M (SD)	M (SD)	M (SD)	M (SD)	M (SD)	M (SD)	M (SD)
1년 미만	51.64 (12.90)	53.64 (14.55)	49.90 (16.94)	50.18 (13.48)	50.73 (15.26)	51.73 (13.92)	48.00 (11.70)	54.18 (16.46)	48.18 (10.74)	52.09 (12.90)
1~2년 미만	39.50 (4.95)	52.00 (11.31)	41.50 (9.19)	38.00 (1.41)	37.00 (.00)	41.50 (6.36)	39.00 (1.41)	42.50 (3.54)	39.00 (1.41)	42.00 (4.24)
2~3년 미만	52.00 (8.89)	54.67 (8.50)	52.33 (11.06)	51.66 (12.50)	49.00 (6.56)	52.33 (7.77)	52.33 (14.47)	45.00 (7.00)	57.67 (6.35)	52.67 (8.33)
3~5년 미만	41.00 (4.00)	43.33 (5.51)	38.67 (6.35)	45.00 (5.20)	38.33 (8.39)	43.67 (5.51)	42.00 (3.61)	45.00 (7.00)	44.00 (8.72)	46.33 (7.57)
5~10년 미만	51.50 (15.18)	53.67 (11.98)	51.00 (13.99)	47.83 (10.68)	49.50 (10.60)	51.67 (13.41)	50.33 (9.93)	49.50 (18.95)	50.83 (14.36)	52.67 (16.60)
10년 이상	46.50 (10.15)	54.80 (13.55)	43.60 (10.71)	45.00 (7.76)	47.80 (9.98)	45.60 (8.42)	44.80 (6.84)	46.00 (8.86)	44.50 (8.72)	46.00 (7.72)
F	3.245	3.196	2.960	1.897	2.541	3.688	2.704	2.136	2.240	2.320
P	.004***	.005**	.008**	.082	.021*	.002**	.015*	.050	.040*	.034*

*p<.05, **p<.01

결과를 살펴보면, 대인민감성과 공포불안 차원을 제외한 전 하위 증상 차원에서 통계적으로 유의한 차이를 나타냈다. 집단 간의 구체적인 차이를 알아보기 위해 Scheffe 사후검증을 실시한 결과, 통계적으로 유의한 차이는 아니었으나 전체 심도지수에서는 약물사용 기간이 2~3년 미만인 경우 증상 점수가 가장 높게 나왔으며, 하위 증상 차원에서도 2~3년 미만인 경우에 증상 점수가 높은 경우가 많았다.

7) 약물사용 동기에 따른 정신건강 상태

약물사용 동기에 따른 재소자의 전체 심도지수와 각 증상 차원의 차이를 알아보기 위해 Anova를 실시하였고, 결과를 <표 7-8>에 나타내었다.

〈표 7-8〉 약물사용 동기에 따른 정신건강 상태

	전체	신체화	강박증	대인민감성	우울	불안	적대감	공포불안	편집증	정신증
	M (SD)	M (SD)	M (SD)	M (SD)	M (SD)	M (SD)	M (SD)	M (SD)	M (SD)	M (SD)
신체적 피로감 줄이기 위해	47.67 (12.50)	48.00 (11.53)	48.00 (14.18)	49.67 (14.36)	45.33 (9.71)	46.67 (12.50)	49.67 (16.74)	41.33 (1.15)	48.33 (14.43)	49.33 (13.01)
체중감소 위해	39.50 (2.12)	42.00 (1.41)	41.00 (1.41)	37.50 (2.12)	40.00 (1.41)	42.50 (6.36)	41.50 (2.12)	44.00 (5.66)	43.50 (2.12)	43.00 (2.83)
정신적 고통 줄이기 위해	52.45 (16.83)	54.10 (14.01)	50.30 (16.02)	49.90 (13.13)	51.45 (13.91)	52.20 (14.32)	49.55 (10.57)	56.40 (18.98)	50.55 (12.05)	53.55 (16.12)
주위의 권유	43.17 (7.76)	49.83 (13.25)	43.50 (6.83)	42.00 (3.52)	43.00 (6.29)	44.67 (9.60)	42.83 (4.53)	41.17 (2.04)	43.17 (5.15)	43.00 (5.62)
기타	44.80 (10.60)	50.60 (14.21)	44.20 (10.79)	44.60 (8.22)	44.85 (11.10)	45.60 (9.60)	43.40 (6.56)	45.00 (9.43)	44.75 (7.68)	46.10 (6.92)
F	4.173	3.023	3.399	2.581	3.137	4.548	3.432	5.871	2.110	3.693
P	.001**	.011*	.005**	.027*	.009**	.001**	.005**	.000***	.065	.003**

*$p < .05$, **$p < .01$, ***$p < .001$

결과를 살펴보면, 통계적으로 유의한 수준에서 전체 심도지수와 대부분의 하위 증상 차원에서 '정신적 고통을 줄이기 위해'라고 응답한 재소자의 증상 점수가 가장 높았다. 집단 간의 구체적인 차이를 알아보기 위해 Scheffe 사후검증을 실시한 결과, 공포불안 차원에서 '정신적 고통을 줄이기 위해'라고 응답한 재소자들이 '주위 사람들의 권고에 의해서'라고 응답한 재소자에 비해 p ⟨ .05 수준에서 통계적으로 유의하게 증상의 점수가 높았다.

8) 수형기간에 따른 정신건강 상태

수형기간에 따른 재소자의 전체 심도지수와 각 증상 차원의 차이를 알아보기 위해 Anova를 실시하였고, 결과를 <표 7-9>에 나타내었다.

〈표 7-9〉 수형기간에 따른 정신건강 상태

	전 체	신체화	강박증	대 인 민감성	우 울	불 안	적대감	공 포 불 안	편집증	정신증
	M (SD)	M (SD)	M (SD)	M (SD)	M (SD)	M (SD)	M (SD)	M (SD)	M (SD)	M (SD)
1년 이하	39.68 (7.10)	42.62 (8.80)	40.00 (7.37)	41.06 (5.64)	40.37 (6.55)	40.93 (6.68)	41.20 (4.10)	43.24 (7.52)	43.44 (6.15)	42.51 (5.07)
1년~3년	41.87 (9.70)	45.78 (10.05)	41.44 (10.23)	42.53 (8.31)	42.26 (9.40)	43.15 (9.19)	43.04 (6.16)	44.00 (8.46)	43.87 (8.90)	44.75 (8.16)
3년~5년	45.51 (11.52)	48.61 (10.60)	44.65 (11.15)	46.32 (11.31)	45.87 (10.66)	45.87 (10.70)	44.71 (6.48)	48.30 (12.77)	46.34 (8.75)	46.71 (9.91)
5년~7년	44.58 (11.06)	50.86 (14.38)	42.72 (10.99)	44.20 (8.97)	44.00 (10.56)	44.72 (9.15)	44.72 (9.04)	43.20 (11.23)	45.93 (8.46)	47.68 (8.96)
7년~10년	42.57 (12.99)	48.19 (10.05)	41.95 (7.88)	44.90 (8.54)	45.23 (8.80)	44.76 (5.62)	44.76 (8.95)	46.76 (9.79)	46.00 (9.23)	48.09 (8.56)
10년 이상	42.18 (7.54)	46.24 (8.28)	40.78 (7.38)	42.48 (6.30)	43.12 (8.48)	42.30 (5.62)	43.24 (5.642)	44.75 (6.98)	43.96 (6.12)	45.87 (6.94)
무 기	46.55 (11.66)	49.55 (10.93)	44.94 (10.31)	46.16 (11.58)	46.94 (11.61)	44.50 (9.03)	47.00 (11.27)	48.33 (10.78)	47.50 (10.29)	48.55 (10.99)
F	1.713	2.157	1.217	1.821	1.801	1.296	1.777	1.876	1.092	1.871
P	.118	.048*	.298	.095	.099	.259	.104	.085	.368	.086

*p ⟨ .05

결과를 살펴보면, 통계적으로 유의한 수준은 아니었으나, 전체 심도지수에서 무기수인 재소자의 점수가 가장 높았고, 하위 증상 차원에서도 대체로 수형기간이 길수록 증상 점수가 높았다. 신체화 차원에서 $F = 2.157$, $p < .05$로 통계적으로 유의한 차이를 나타냈다. 집단 간의 구체적인 차이를 알아보기 위해 Scheffe 사후검증을 실시한 결과, 형기가 5~7년인 재소자가 증상 점수가 가장 높게 나왔으나 집단 간 통계적으로 유의한 차이는 없었다.

9) 전과기록에 따른 정신건강 상태

전과에 따른 재소자의 전체 심도지수와 각 증상 차원의 차이를 알아보기 위해 Anova를 실시하였고, 결과를 <표 7 - 10>에 나타내었다.

〈표 7 - 10〉 전과기록에 따른 정신건강 상태

	전 체	신체화	강박증	대 인 민감성	우 울	불 안	적대감	공 포 불 안	편집증	정신증
	M (SD)	M (SD)	M (SD)	M (SD)	M (SD)	M (SD)	M (SD)	M (SD)	M (SD)	M (SD)
초범	42.66 (9.90)	46.66 (9.86)	41.94 (9.29)	43.39 (8.60)	43.31 (9.56)	43.44 (8.58)	43.50 (7.15)	44.99 (9.59)	44.84 (8.10)	45.53 (8.12)
2회	43.44 (7.75)	48.60 (9.64)	42.84 (8.63)	42.36 (5.92)	44.32 (7.30)	44.36 (7.34)	43.96 (5.45)	44.92 (6.18)	43.64 (6.64)	45.88 (7.36)
3회	40.86 (9.49)	47.66 (16.42)	39.53 (9.10)	41.13 (7.53)	40.93 (8.54)	41.73 (7.52)	42.93 (4.57)	42.33 (3.57)	42.00 (5.80)	43.13 (5.54)
4회	40.80 (4.81)	43.40 (3.13)	39.20 (4.32)	43.00 (4.82)	42.00 (5.52)	41.00 (4.24)	45.80 (7.04)	43.40 (5.45)	45.40 (6.06)	45.00 (4.30)
5회 이상	57.75 (18.87)	58.87 (16.90)	55.87 (18.92)	56.62 (15.57)	53.50 (16.00)	56.50 (16.37)	51.87 (10.60)	58.37 (20.47)	57.25 (16.84)	58.37 (16.89)

	전 체	신체화	강박증	대 인 민감성	우 울	불 안	적대감	공 포 불 안	편집증	정신증
	M (SD)	M (SD)	M (SD)	M (SD)	M (SD)	M (SD)	M (SD)	M (SD)	M (SD)	M (SD)
F	4.652	2.896	4.570	5.107	2.581	4.739	2.905	4.243	5.141	5.090
P	.001**	.023*	.001**	.001**	.038*	.001**	.022*	.002**	.001**	.001**

*p < .05, **p < .01

결과를 살펴보면, 통계적으로 유의한 수준에서 전체 심도지수를 포함해 전 하위 증상 차원에 걸쳐서 전과가 5회 이상인 재소자의 증상 점수가 가장 높았고, 3~4회인 재소자가 가장 낮았다. 집단 간의 구체적인 차이를 알아보기 위해 Scheffe 사후검증을 실시한 결과, 전체 심도지수와 강박증, 대인민감성, 불안, 공포불안, 편집증과 정신증 차원에서 전과가 5회 이상인 집단이 미만인 집단에 비해 p < .05 수준에서 통계적으로 유의하게 증상의 점수가 높았다. 신체화, 우울, 적대감 차원에서도 전과가 5회 이상인 집단이 증상의 점수가 가장 높았으나, 통계적으로 유의한 차이를 나타내지는 않았다.

10) 서신 횟수에 따른 정신건강 상태

월평균 서신 횟수에 따른 재소자의 전체 심도지수와 각 증상 차원의 차이를 알아보기 위해 Anova를 실시하였고, 결과를 <표 7 - 11>에 나타내었다.

〈표 7-11〉 서신 횟수에 따른 정신건강 상태

	전 체	신체화	강박증	대 인 민감성	우 울	불 안	적대감	공 포 불 안	편집증	정신증
	M (SD)	M (SD)	M (SD)	M (SD)	M (SD)	M (SD)	M (SD)	M (SD)	M (SD)	M (SD)
1~5통	41.60 (7.72)	44.68 (8.50)	40.82 (7.41)	41.90 (6.47)	42.70 (9.64)	42.60 (7.11)	43.06 (6.33)	44.44 (6.80)	43.06 (5.92)	44.27 (6.61)
6~10통	45.11 (10.74)	50.18 (12.23)	44.15 (10.33)	45.21 (10.06)	44.60 (9.32)	45.43 (9.85)	44.63 (8.13)	46.71 (10.20)	46.38 (8.75)	46.70 (8.93)
11~15통	42.05 (11.25)	46.38 (10.64)	40.55 (10.89)	42.58 (8.09)	42.32 (10.85)	43.35 (10.19)	43.08 (6.19)	43.85 (11.47)	44.00 (8.03)	45.50 (10.14)
16~20통	45.44 (12.00)	50.03 (9.78)	44.14 (12.73)	45.77 (11.10)	45.70 (11.42)	44.77 (10.40)	45.22 (8.33)	45.37 (11.62)	47.55 (12.04)	48.40 (10.96)
21~25통	39.88 (6.64)	42.63 (7.06)	39.78 (6.42)	40.52 (5.76)	41.94 (6.51)	41.36 (6.37)	41.78 (4.09)	41.00 (11.35)	43.05 (5.91)	43.68 (6.32)
25통 이상	42.23 (11.02)	47.78 (12.05)	42.54 (9.09)	44.07 (7.70)	43.16 (7.84)	43.40 (8.31)	43.85 (6.59)	45.78 (8.20)	44.80 (7.86)	45.33 (6.47)
없 다	49.40 (13.80)	48.10 (9.85)	47.60 (14.20)	51.10 (16.20)	48.80 (12.24)	47.80 (11.18)	47.30 (9.92)	54.00 (14.57)	51.90 (12.81)	54.20 (11.54)
F	1.976	2.551	1.707	2.789	1.130	1.223	1.181	2.819	2.882	1.976
P	.069	.020*	.120	.012*	.345	.295	.316	.011*	.010*	.069

*$p < .05$

결과를 살펴보면, 전체 심도지수와 대부분의 하위 증상 차원에서 수발하는 서신이 없다고 응답한 재소자의 점수가 가장 높았으며, 21~25통이라고 말하는 재소자의 점수가 가장 낮았다. 신체화와 대인민감성, 공포불안과 편집증 차원에서 $p < .05$로 통계적으로 유의한 차이를 나타냈다. 집단 간의 구체적인 차이를 알아보기 위해 Scheffe 사후검증을 실시한 결과, 전체 심도지수를 비롯해 전 증상 차원에서 서신이 '없다'고 응답한 재소자의 증상 점수가 가장 높게 나왔으나 집단 간에 통계적으로 유의한 차이는 없었다.

제2절 여성 재소자의 학대경험에 따른 정신건강 수준

여성 재소자들의 학대경험과 정신건강 간 관계를 알아보기 위해 Pearson 상관 분석을 실시하였다. 결과는 <표 7 - 12>에 나타내었다.

〈표 7 - 12〉 학대경험과 정신건강과의 관계

	전 체	신체화	강박증	대 인 민감성	우 울	불 안	적대감	공 포 불 안	편집증	정신증
총학대	.204*	.149*	.189**	.240**	.176**	.186**	.256**	.120*	.199**	.175*
신체적 학대	.103	.060	.092	.136*	.087	.097	.163**	.053	.099	.094
정서적 학대	.155	.136*	.135*	.171**	.139*	.132*	.181**	.043	.125*	.143*
방 임	.197	.136*	.178**	.233**	.163**	.163**	.224**	.153*	.183**	.171**
성 학대	.229	.165**	.228**	.269**	.202**	.232**	.297**	.149*	.256**	.183**

*p < .05, **p < .01

결과를 살펴보면, 총학대경험 점수는 전체 심도지수를 비롯해 전 하위 증상과 p < .05 이상의 수준에서 통계적으로 유의한 수준에서 정적인 관련성이 있었다. 그리고 신체적 학대 등 하위 수준의 변인 들과 정신건강 각 하위 증상들과도 전반적으로 정적인 관계가 있 는 것으로 나타났다. 이는 학대경험이 많을수록 정신건강 수준이 낮다는 가설이 지지되고 있음을 보여 주는 결과이다.

제3절 여성 재소자의 사회적 지지도에 따른 정신건강 수준

여성 재소자들의 사회적 지지도와 정신건강 간 관계를 알아보기
위해 Pearson 상관 분석을 실시하였다. 결과는 <표 7 - 13>에 나
타내었다.

〈표 7 - 13〉 사회적 지지도와 정신건강과의 관계

	전 체	신체화	강박증	대 인 민감성	우 울	불 안	적대감	공 포 불 안	편집증	정신증
사회적 지지도	-.194**	-.087	-.196**	-.292**	-.200**	-.228**	-.290**	-.213**	-.209**	-.272**

*p < .01

결과를 살펴보면 사회적 지지도는 전체 심도지수와 p < .01 수준
에서 통계적으로 유의한 수준에서 부적인 관련성이 있었고, 하위
증상에서도 신체화를 제외한 전 차원에서 p < .01 수준에서 부적인
관계가 있는 것으로 나타났다. 이는 사회적 지지 정도가 높을수록
정신건강 상태가 양호하다는 가설이 지지되고 있음을 보여 주는
결과이다.

제4절 학대경험, 사회적 지지도가 정신건강 상태에 미치는 영향력

여성 재소자들의 학대경험과 사회적 지지도가 정신건강에 미치는 영향력의 수준을 알아보기 위해, 독립변수를 학대경험 총점수와 사회적 지지도 점수로 하고 종속변수를 전체 심도지수로 하여 다중회귀분석을 실시하였다. 결과는 <표 7-14>에 나타내었다. 다중공선성을 진단하기 위하여 분산팽창계수(VIF: variable inflation factor)와 허용치(tolerance)를 살펴보았으며, 일반적으로 분산팽창계수가 10 이상이거나 허용치가 0.1보다 작으면 다중공선성의 문제가 있다고 판단하게 된다. 본 분석에서 변인들의 VIF 값은 10 이하였고, 허용치는 0.1보다 크게 나타나 다중공선성의 문제는 발생하지 않는 것으로 볼 수 있다.

〈표 7-14〉 학대경험, 사회적 지지도가 전체 심도지수에 미치는 영향

종 속	독 립	상관관계			B	Beta	t	P	통계량	공차한계 (VIF)
전체 심도 지수	상 수	1.000			47.475		10.126		R²=.063	
	총학대	.204	1.000		.120	.164	2.668	.008	Ad R²=.056	.930(1.076),
	사회적 지지	-.194	-.265	1.000	-.148	-.150	-2.447	.015	F=8.910***	.893(1.119)

분석 결과 회귀선의 R^2값은 .063으로 학대경험과 사회적 지지라는 독립변수들은 여성 재소자들의 전체 심도지수를 6.3% 설명하고 있으며, 유의확률은 .000으로서 유의수준 .001보다 작아 통계적으로

유의한 것으로 나타났다. 표준화계수 베타를 통해 전체 심도지수에 미치는 독립변수 간의 상대적 영향력을 살펴보면 학대경험(β=.164, p=.008)이 사회적 지지(β=-.150, p=.015)보다 큰 것으로 나타나, 재소자들의 전체 심도지수에 미치는 영향력은 사회적 지지보다 학대경험이 더 크다는 것을 알 수 있다.

학대경험과 사회적 지지도가 정신건강 하위 증상에 미치는 영향력의 차이를 검증하기 위해 다중회귀 분석을 실시하였다. 연구 결과는 <표 7-15>에 제시되어 있다.

〈표 7-15〉 학대경험, 사회적 지지도가 정신건강 하위 증상군에 미치는 영향

종속	독립	B	Beta	t	P	통계량	공차한계 (VIF)
신체화	상 수 총학대 사회적 지지	46.189 .102 -.052	 .135 -.051	9.337 2.157 -.820	 .032 .413	R^2=.025 Ad R^2=.052 F=8.317 P=.000	.930(1.076)
강박증	상 수 총학대 사회적 지지	47.307 .103 -.147	 .148 -.156	10.552 2.404 -2.540	 .017 .012	R^2=.059 Ad R^2=.017 F=3.368 P=.036	.930(1.076)
대인민감성	상 수 총학대 사회적 지지	52.415 .111 -.211	 .175 -.246	13.218 2.929 -4.118	 .004 .000	R^2=.114 Ad R^2=.107 F=17.173 P=.000	.930(1.076)
우울	상 수 총학대 사회적 지지	49.440 .091 -.152	 .133 -.165	11.195 2.152 -2.672	 .032 .008	R^2=.056 Ad R^2=.049 F=7.970 P=.000	.930(1.076)
불안	상 수 총학대 사회적 지지	50.571 .086 -.164	 .135 -.192	12.478 2.210 -3.139	 .028 .002	R^2=.069 Ad R^2=.062 F=9.903 P=.000	.930(1.076)

종속	독 립	B	Beta	t	P	통계량	공차한계 (VIF)
적대감	상 수 총학대 사회적 지지	50.059 .097 -.163	 .192 -.239	15.955 3.228 -4.014	 .001 .000	R^2=.119 Ad R^2=.112 F=17.960 P=.000	.930(1.076)
공포불안	상 수 총학대 사회적 지지	54.871 .048 -.184	 .069 -.195	12.106 1.109 -3.144	 .268 .002	R^2=.050 Ad R^2=.043 F=6.972 P=.001	.930(1.076)
편집증	상 수 총학대 사회적 지지	49.709 .092 -.136	 .154 -.168	12.921 2.516 -2.738	 .012 .007	R^2=.066 Ad R^2=.059 F=9.399 P=.000	.930(1.076)
정신증	상 수 총학대 사회적 지지	55.593 .067 -.198	 .111 -.242	14.444 1.831 -3.993	 .068 .000	R^2=.085 Ad R^2=.079 F=12.461 P=.000	.930(1.076)

결과를 살펴보면, 신체화 증후군에서는 학대경험(β=.135, p=.032), 공포불안에서는 사회적 지지(β=-.195, p=.002), 정신증에서는 사회적 지지(β=-.198, p=.000)가 통계적으로 유의하게 영향을 미치는 것으로 나타났다. 나머지 하위 증상 차원에서는 학대경험과 사회적 지지 모두 통계적으로 유의한 정도의 영향력을 미치는 것으로 나타났으며, 상대적 영향력을 살펴보면, 학대경험보다 사회적 지지의 영향력 정도가 더 크게 나타나고 있음을 알 수 있다.

제 8 장

여성 재소자의 정신건강 서비스
만족도와 요구도

제1절 여성 재소자의 정신건강 서비스 만족도

여성 재소자들이 경험한 정신건강 서비스에 대한 만족도를 알아
보기 위해 빈도분석을 실시하였다. 이 결과를 <표 8-1>에 나타
내었다.

결과를 살펴보면, '보통이다'라고 답하는 응답자가 140명(57.6%)
으로 가장 많았으며, '대체로 불만이다'와 '대체로 만족한다'가 각각
38명(15.6%), 29명(11.9%)을 차지하였다.

<표 8-1> 여성 재소자의 정신건강 서비스 만족도

구 분	빈 도	백분율(%)	유효백분율(%)
매우 불만이다	25	9.3	10.3
대체로 불만이다	38	14.1	15.6
보통이다	140	51.9	57.6
대체로 만족한다	29	10.7	11.9
매우 만족한다	11	4.1	4.5
무응답	27	10.0	11.1
합 계	270	100.0	100.0

제2절 정신건강 서비스 요구도와 요구도 순위

여성 재소자들의 정신건강 서비스 요구도를 알아보기 위해 문항별 빈도분석을 실시하였고, 그 결과에 따라 서비스 요구도에 대한 순위 결과를 <표 8-2>에 나타내었다.

〈표 8-2〉 정신건강 서비스의 요구도 순위(n=270)

구 분	내 용	순위	평균
정신과 의료 서비스	증상 발생시 응급 처치	1	4.50
의료 서비스	외래 병원 치료	2	4.47
의료 서비스	교도소 병원 치료	3	4.46
의료 서비스	신체건강에 대한 정기적 진료	4	4.39
여가 및 문화생활	TV시청, 신문·잡지 읽기	5	4.34
위기개입 서비스	응급상황 발생시 조치	6	4.28
직업 관련 서비스	직업훈련		
상담 서비스	개인 상담	8	4.20
정신과 의료 서비스	입원치료	9	4.18
직업 관련 서비스	직업알선	10	4.16
직업 관련 서비스	취업 후 사후관리	11	4.13
정신과 의료 서비스	약물치료		
일상생활 훈련	일상생활 기술 훈련		
여가 및 문화생활	게임, 스포츠	14	4.07
일상생활 훈련	사회기술 훈련	15	4.06
일상생활 훈련	사회적응 기술훈련	16	4.00
상담 서비스	진로·직업 상담	17	3.93
상담 서비스	가족 상담	18	3.93
상담 서비스	위기 상담	19	3.85
교육 서비스	학과교육·검정고시		
위기개입 서비스	자살 예방	21	3.84
상담 서비스	심리검사·성격검사	22	3.81
상담 서비스	예술치료	23	3.79

구 분	내　　용	순위	평균
교육 서비스	부모 교육	24	3.75
상담 서비스	정신치료극	25	3.66
교육 서비스	지역사회에 대한 교육	26	3.62
상담 서비스	집단 상담	27	3.54
교육 서비스	약물, 알코올 관련 교육	28	3.50
교육 서비스	성, 에이즈 등 교육	29	3.40

결과를 살펴보면, 가장 요구도가 가장 큰 서비스는 '정신과 증상 발생시 응급 처치'(평균 4.50)이고, 그다음으로는 '외래 병원 치료'(평균 4.47점)와 '교도소 병원 치료'(평균 4.46)로 나타났으며, 전반적으로 여성 재소자들은 '정신과 의료 서비스'와 '의료 서비스'에 대한 요구가 높음을 알 수 있다. 그러나 의료 서비스나 여가 및 문화 생활과 같은 기본적인 생존권이나 현실적인 측면에서의 서비스를 제외하고 가장 요구도가 큰 서비스는 '개인 상담' 서비스인 것으로 나타났다.

제3절 여성 재소자의 일반적인 특성에 따른 정신건강 서비스 욕구

여성 재소자들의 일반적 특성에 따른 정신건강 서비스의 욕구 차이를 알아보기 위해 각 변인들과 서비스 요구도 간 t-test 및 Anova를 실시하였고, 결과를 <표 8-3>에 제시하였다.

〈표 8-3〉 여성 재소자의 일반적 특성에 따른 정신건강 서비스 요구도 차이

	위기 개입	일상생활 훈련	직업 관련	의료	정신과 의료	상담	교육	여가 문화
나 이	1.369	.741	2.463*	2.215	2.614*	2.778*	2.256	1.921
종교 영향력	1.349	1.028	2.150	1.830	.726	1.681	.740	2.355*
결혼상태	.671	1.756	1.112	2.280*	3.485**	1.632	1.971	5.195***
자녀 돌봄 상태	.924	1.616	2.273	2.174	1.625	2.594	1.915	3.379*
직 업	.629	1.179	1.847	1.477	1.086	1.328	2.058*	1.488
수 입	.532	.677	.851	1.456	2.280*	.852	.718	1.549
가정수입	.838	.674	1.291	3.343**	2.235*	.491	.493	1.853
전 과	.351	.803	.535	2.573*	1.897	2.134	.937	1.587
서신 횟수	.755	1.150	1.606	1.627	1.288	1.138	1.468	2.354*
서신 횟수 인식	2.467*	.752	.675	2.496*	2.568*	1.038	1.642	1.879
서신 횟수 만족도	1.607	1.214	1.156	3.890**	1.183	1.354	.990	1.499
접견 중요도	2.026	1.441	1.730	5.003**	2.327	2.662*	2.457*	2.120
서신 중요도	.535	3.219*	2.862*	6.361***	2.470*	1.966	2.235	3.280*
접견·서신 효과	.858	2.740*	1.081	5.711***	4.445**	2.759*	2.389	2.867*

*$p < .05$, **$p < .01$, ***$p < .001$

일반적인 특성에 따른 정신건강 서비스 요구의 차이를 알아보기
위해 t - test 및 Anova를 실시한 세부적인 연구 결과는 아래에 제
시되어 있다.

1) 나이에 따른 정신건강 서비스 요구도 차이

〈표 8-4〉 나이에 따른 정신건강 서비스 요구도 차이

	직업 관련	정신과 의료	상담
	M(SD)	M(SD)	M(SD)
20대	4.22(0.84)	4.18(0.84)	4.06(0.86)
30대	4.38(0.81)	4.42(0.83)	3.99(0.91)
40대	4.11(1.03)	4.33(0.90)	3.86(0.97)
50대	3.88(1.22)	4.07(1.14)	3.54(1.14)
60대 이상	3.89(0.80)	3.64(1.21)	3.35(1.13)
F	2.463	2.614	2.778
P	.046*	.036*	.027*

*p < .05

나이는 8가지 주요 정신건강 서비스 항목 중 직업 관련 서비스(F = 2.463, p < .05), 정신과 의료 서비스(F = 2.614, p < .05), 상담 서비스(F = 2.778, p < .05)에서 통계적으로 유의한 차이를 나타내었다. 직업 관련 서비스와 정신과 의료 서비스에서는 30대가, 상담 서비스에서는 20대가 요구도가 가장 높았고, 50, 60대 이상이 낮았다. 전반적으로 연령이 낮을수록 요구도가 높았다.

2) 종교 영향력에 따른 정신건강 서비스 요구도 차이

〈표 8-5〉 종교 영향력에 따른 정신건강 서비스 요구도 차이

	여가 및 문화생활
	M(SD)
매우 많은 영향을 미친다	4.38(0.81)
꽤 영향을 미친다	4.11(1.03)
보통이다	4.11(1.03)
조금 영향을 미친다	3.89(0.80)
전혀 영향을 미치지 않는다	3.88(1.22)
F	2.355
P	.046*

*p〈.05

종교가 삶에 미치는 영향력 정도 변인은 8가지 주요 정신건강 서비스 항목 중 여가 및 문화생활 요구(F=2.355, p〈.05)에서 통계적으로 유의한 차이를 나타내었다. 매우 영향을 많이 미친다고 응답한 재소자의 요구도가 가장 높았고, 전혀 미치지 않는다고 응답한 재소자의 요구도가 가장 낮았다.

3) 결혼 상태에 따른 정신건강 서비스 요구도 차이

〈표 8-6〉 결혼 상태에 따른 정신건강 서비스 요구도 차이

	의료	정신과 의료	여가 및 문화생활
	M(SD)	M(SD)	M(SD)
미 혼	4.67(0.60)	4.42(0.73)	4.46(0.73)
기 혼	4.32(0.95)	4.22(1.02)	4.24(1.00)
재 혼	4.67(0.69)	4.33(0.78)	4.38(0.92)
이 혼	4.47(0.81)	4.30(0.84)	4.24(0.85)
동 거	4.25(0.96)	4.00(0.86)	3.25(1.26)
별 거	4.62(0.76)	4.57(0.74)	4.29(0.95)
사 별	4.53(0.90)	4.22(1.04)	3.87(1.16)
F	2.280	2.987	5.195
P	.029*	.001**	.000***

*$p < .05$, **$p < .01$, ***$p < .001$

결혼 상태는 8가지 주요 정신건강 서비스 항목 중 의료 서비스($F = 2.280$, $p < .05$), 정신과 의료 서비스($F = 3.485$, $p < .01$), 여가 및 문화생활 요구($F = 5.195$, $p < .001$)에서 통계적으로 유의한 차이를 나타내었다. 의료 서비스는 미혼과 재혼인 재소자, 정신과 의료 서비스는 별거인 재소자, 그리고 여가 및 문화생활은 미혼인 재소자의 요구도가 가장 높았다.

4) 자녀 돌봄 상태에 따른 정신건강 서비스 요구도 차이

〈표 8-7〉 자녀 돌봄 상태에 따른 정신건강 서비스 요구도 차이

	여가 및 문화생활
	M(SD)
그렇다	4.04(1.09)
아니다	4.32(0.82)
모르겠다	4.81(0.40)
F	3.379
P	.019*

*p〈.05

자녀 돌봄 상태 변인은 8가지 주요 정신건강 서비스 항목 중 여가 및 문화생활 요구(F = 3.379, p〈.05)에서 통계적으로 유의한 차이를 나타내었다. 자녀가 돌봄을 잘 받고 있는지 모르겠다고 응답한 재소자의 요구도가 가장 높았다.

5) 직업에 따른 정신건강 서비스 요구도 차이

〈표 8-8〉 직업에 따른 정신건강 서비스 요구도 차이

	교 육
	M(SD)
주 부	3.51(1.21)
판매, 생산, 서비스직	3.51(1.08)
사무직	3.61(1.01)
기술직	4.43(0.66)
관리직	2.93(1.23)
전문직	3.14(0.92)
기 타	3.94(0.96)

	교육
	M(SD)
무 직	3.80(0.92)
F	2.058
P	.049*

직업은 8가지 주요 정신건강 서비스 항목 중 교육 서비스(F=
2.058, p 〈 .05)에서 통계적으로 유의한 차이를 나타내었다. 기술직
재소자의 요구도가 가장 높았고, 관리직과 전문직 재소자의 요구도
가 가장 낮았다.

6) 수입에 따른 정신건강 서비스 요구도 차이

〈표 8-9〉 수입에 따른 정신건강 서비스 요구도 차이

	정신과 의료
	M(SD)
없다	4.17(1.06)
50만 원 미만	4.19(0.88)
50~100만 원 미만	3.63(1.22)
100~150만 원 미만	4.24(1.02)
150~200만 원 미만	4.04(0.99)
200~250만 원 미만	4.46(0.75)
250~300만 원 미만	4.60(0.72)
300만 원 이상	4.40(0.82)
F	2.280
P	.029*

직업 활동 당시 월평균 수입은 8가지 주요 정신건강 서비스 항목 중 정신과 의료 서비스(F = 2.280, p ⟨ .05)에서 통계적으로 유의한 차이를 나타내었다. 수입이 250만~300만 원 미만인 재소자의 요구도가 가장 높았고, 50만~100만 원 미만인 재소자의 요구도가 가장 낮았다. 전반적으로 수입이 많은 재소자의 요구도가 높았다.

7) 가정수입에 따른 정신건강 서비스 요구도 차이

⟨표 8-10⟩ 가정수입에 따른 정신건강 서비스 요구도 차이

	의료	정신과 의료
	M(SD)	M(SD)
50만 원 미만	4.47(0.72)	4.03(1.23)
50만~100만 원 미만	3.88(0.92)	3.76(0.83)
100만~150만 원 미만	4.22(1.04)	4.01(1.15)
150만~200만 원 미만	4.24(1.13)	4.05(1.15)
200만~250만 원 미만	4.82(0.51)	4.44(0.98)
250만~300만 원 미만	4.36(0.93)	4.36(0.88)
300만~400만 원 미만	4.56(0.73)	4.50(0.77)
400만 원 이상	4.63(0.68)	4.39(0.83)
F	3.343	2.235
P	.002*	.032*

*p ⟨ .05

가정의 월평균 수입은 8가지 주요 정신건강 서비스 항목 중 의료 서비스(F = 3.343, p ⟨ .01), 정신과 의료 서비스(F = 2.235, p ⟨ .05)에서 통계적으로 유의한 차이를 나타내었다. 의료 서비스는 가정수입이 200만~250만 원 미만인 재소자, 정신과 의료 서비스는 300만~400만 원 미만인 재소자의 요구도가 가장 높았다. 전반적

으로 가정의 수입이 많은 재소자의 요구도가 높았다.

8) 전과에 따른 정신건강 서비스 요구도 차이

〈표 8-11〉 전과에 따른 정신건강 서비스 요구도 차이

	의료
	M(SD)
초 범	4.51(0.78)
2회	4.21(1.05)
3회	3.87(1.37)
4회	4.20(1.10)
5회 이상	4.33(0.87)
F	2.573
P	.038*

*p〈.05

전과는 8가지 주요 정신건강 서비스 항목 중 의료 서비스(F =
2.573, p〈.05)에서 통계적으로 유의한 차이를 나타내었다. 초범인
재소자의 요구도가 가장 높았고, 3회인 재소자의 요구도가 가장 낮
았다.

9) 서신 횟수에 따른 정신건강 서비스 요구도 차이

〈표 8-12〉 서신 횟수에 따른 정신건강 서비스 요구도 차이

	여가 및 문화생활
	M(SD)
1~5통	4.15(1.09)
6~10통	4.37(0.84)
11~15통	4.21(1.02)
16~20통	4.15(1.05)
21~25통	4.05(0.94)
25통 이상	4.37(0.80)
없다	3.20(1.38)
F	2.354
P	.031*

*$p < .05$

월평균 서신 횟수는 8가지 주요 정신건강 서비스 항목 중 여가 및 문화생활($F = 2.354$, $p < .05$)에서 통계적으로 유의한 차이를 나타내었다. 6~10통, 25통 이상이라고 응답한 재소자의 요구도가 가장 높았고, 수신하는 서신이 없다고 응답한 재소자의 요구도가 가장 낮았다.

10) 서신 횟수 인식에 따른 정신건강 서비스 요구도 차이

〈표 8−13〉 서신 횟수 인식에 따른 정신건강 서비스 요구도 차이

	위기개입	의료	정신과 의료
	M(SD)	M(SD)	M(SD)
매우 적다고 생각한다	3.67(1.42)	3.82(1.18)	3.80(1.22)
적다고 생각한다	3.70(1.49)	4.45(0.97)	4.04(1.36)
보통이라고 생각한다	4.05(1.05)	4.43(0.82)	4.28(0.83)
자주 온다고 생각한다	**4.36(0.87)**	4.57(0.80)	**4.51(0.78)**
매우 자주 온다고 생각한다	3.84(1.06)	**4.60(0.72)**	4.04(1.05)
F	2.467	2.496	2.568
P	.045*	.043*	.039*

*$p < .05$

서신 횟수에 대한 인식은 8가지 주요 정신건강 서비스 항목 중
위기 개입 서비스($F = 2.467$, $p < .05$), 의료 서비스($F = 2.496$, $p < .05$),
정신과 의료 서비스($F = 2.568$, $p < .05$)에서 통계적으로 유의한 차
이를 나타내었다. 위기 개입 서비스와 정신과 의료 서비스는 서신
이 자주 온다고 생각한다는 응답을, 의료 서비스는 서신이 매우 자
주 온다고 생각한다는 응답을 한 재소자가 요구도가 가장 높았고,
모두 서신이 매우 적다고 생각한다는 응답을 한 재소자의 요구도
가 가장 낮았다.

11) 서신 횟수 만족도에 따른 정신건강 서비스 요구도 차이

〈표 8-14〉 서신 횟수 만족도에 따른 정신건강 서비스 요구도 차이

	의료
	M(SD)
매우 불만이다	3.79(1.33)
대체로 불만이다	4.90(0.25)
보통이다	4.37(0.90)
대체로 만족한다	4.44(0.84)
매우 만족한다	4.79(0.49)
F	3.890
P	.004**

**p < .01

서신 횟수에 대한 만족도는 8가지 주요 정신건강 서비스 항목
중 정신과 의료 서비스(F = 3.890, p < .01)에서 통계적으로 유의한
차이를 나타내었다. 서신 횟수에 대해서 대체로 불만이라고 응답한
재소자의 요구도가 가장 높았고, 매우 불만이라고 응답한 재소자의
요구도가 가장 낮았다.

12) 접견 중요도에 따른 정신건강 서비스 요구도 차이

〈표 8-15〉 접견 중요도에 따른 정신건강 서비스 요구도 차이

	의료	상담	교육
	M(SD)	M(SD)	M(SD)
전혀 중요하지 않다	4.00(2.00)	3.00(1.72)	2.80(1.40)
중요하지 않다	4.56(0.72)	4.48(0.87)	4.27(0.89)
보통이다	4.03(0.94)	3.53(0.85)	3.26(0.96)

	의료	상담	교육
	M(SD)	M(SD)	M(SD)
중요하다	4.43(0.90)	3.87(0.93)	3.62(1.06)
매우 중요하다	4.67(0.61)	3.94(1.07)	3.69(1.16)
F	5.003	2.662	2.457
P	.001**	.033*	.046*

*p < .05, **p < .01

접견 중요도는 8가지 주요 정신건강 서비스 항목 중 의료 서비스(F = 5.003, p < .01), 상담 서비스(F = 2.662, p < .05), 교육 서비스(F = 2.457, p < .05)에서 통계적으로 유의한 차이를 나타내었다. 의료 서비스는 접견이 매우 중요하다고 응답한 재소자, 상담과 교육 서비스는 접견이 중요하지 않다고 응답한 재소자의 요구도가 가장 높았고, 세 가지 서비스 모두 접견이 전혀 중요하지 않다고 응답한 재소자의 요구도가 가장 낮았다.

13) 서신 중요도에 따른 정신건강 서비스 요구도 차이

〈표 8 - 16〉 서신 중요도에 따른 정신건강 서비스 요구도 차이

	일상생활 훈련	직업 관련	의료	정신과 의료
	M(SD)	M(SD)	M(SD)	M(SD)
전혀 중요하지 않다	3.53(1.66)	3.53(1.57)	3.80(1.79)	3.80(1.79)
중요하지 않다	3.74(1.21)	3.63(1.32)	4.30(0.89)	3.74(1.34)
보통이다	3.73(0.98)	3.88(0.99)	4.02(0.93)	4.04(0.92)
중요하다	4.18(0.84)	4.27(0.92)	4.50(0.86)	4.28(0.97)
매우 중요하다	4.18(0.94)	4.27(0.96)	4.68(0.61)	4.44(0.81)
F	3.219	2.862	6.361	2.470
P	.013*	.024*	.000***	.045*

*p < .05, **p < .01, ***p < .001

서신 중요도는 8가지 주요 정신건강 서비스 항목 중 일상생활 훈련 서비스(F＝3.219, p〈.05), 직업 관련 서비스(F＝2.862, p〈.05), 의료 서비스(F＝6.361, p〈.001), 정신과 의료 서비스(F＝2.470, p〈.05), 여가 및 문화생활(F＝3.280, p〈.05)에서 통계적으로 유의한 차이를 나타내었다. 네 가지 서비스 모두 서신이 매우 중요하다, 중요하다고 응답한 재소자의 요구도가 가장 높았고, 전혀 중요하지 않다고 응답한 재소자의 요구도가 가장 낮았다.

14) 접견, 서신의 정서적 위로 효과에 따른 정신건강 서비스 요구도 차이

〈표 8-17〉 접견, 서신의 정서적 위로 효과에 따른 정신건강 서비스 요구도 차이

	일상생활 훈련	의료	정신과 의료	상담	여가 및 문화생활
	M(SD)	M(SD)	M(SD)	M(SD)	M(SD)
전혀 아니다	3.78(1.60)	3.67(2.06)	3.67(2.07)	3.29(1.81)	3.58(1.50)
대체로 아니다	3.83(1.37)	4.08(1.97)	4.17(1.00)	3.96(0.90)	4.50(0.58)
보통이다	3.86(0.78)	4.13(0.88)	3.77(1.14)	3.53(0.88)	3.86(1.13)
대체로 그렇다	3.92(1.01)	4.33(0.92)	4.26(0.91)	3.74(0.95)	4.13(1.04)
매우 그렇다	4.23(0.86)	4.67(0.62)	4.44(0.78)	4.03(0.99)	4.37(0.86)
F	2.740	5.711	4.445	2.759	2.867
P	.029*	.000***	.002**	.028*	.024*

*p〈.05, **p〈.01, ***p〈.001

접견과 서신의 정서적 위로 효과 여부를 묻는 질문에서는 8가지 주요 정신건강 서비스 항목 중 일상생활 훈련 서비스(F＝3.219, p〈.05), 의료 서비스(F＝2.862, p〈.05), 정신과 의료 서비스(F＝6.361, p〈.001), 상담 서비스(F＝2.470, p〈.05), 여가 및 문화생활(F＝3.280, p〈.05)

에서 통계적으로 유의한 차이를 나타내었다. 다섯 가지 서비스 모두 접견과 서신의 정서적 위로 효과 여부에 대해 매우 그렇다고 응답한 재소자의 요구도가 가장 높았고, 전혀 아니라고 응답한 재소자의 요구도가 가장 낮았다.

제4절 여성 재소자의 정신건강 하위 증상의 수준과 심각도에 따른 정신건강 서비스 욕구 차이

여성 재소자들의 정신건강 하위 증상에 따라 요구하는 정신건강 서비스의 차이를 구체적으로 알아보기 위해, SCL - 90 - R의 위험군 분류 기준점수인 T점수 70점을 기준으로 위험군·비위험군으로 분류하여 위험군의 서비스 요구도 순위를 비교해 보았다. 결과는 아래에 제시하였다.

1) 신체화 위험군 여성 재소자의 서비스 요구도

〈표 8-18〉 신체화 증상 정도에 따른 정신건강 서비스 요구도 차이

(n = 7)

	구 분		평균(표준편차)	순 위
	여가문화	TV시청·신문 읽기	5.00(.00)	1
	여가문화	게임·운동	4.86(.37)	2
	위기개입	응급 상황 발생시 조치		
위험군	의 료	신체건강에 대한 정기적 진료		
	의 료	교도소 병원 치료	4.71(.77)	3
	정신과 의료	정신과 증상 발생시 응급 처치		
	상 담	개인 상담		

		구 분	평균(표준편차)	순 위
비위험군	의 료	교도소 병원 치료	4.46(.93)	1
		외래 병원 치료	4.46(.97)	
	정신과 의료	정신과 증상 발생 시 응급 처치	4.45(.93)	2
	의 료	신체건강에 대한 정기적 진료	4.38(.99)	3

결과를 살펴보면, 신체화 위험군 재소자들은 TV시청·신문 읽기, 게임·운동, 응급 상황 발생시 조치, 개인 상담 등의 서비스에 대한 요구도가 가장 높은 반면, 비위험군 재소자들은 교도소 병원 치료, 외래병원 치료, 정신과 증상 발생시 응급 처치 등의 서비스에 대한 요구도가 높았다.

2) 강박증 위험군 여성 재소자의 서비스 요구도

〈표 8-19〉 강박증 증상 정도에 따른 정신건강 서비스 요구도

차이(n=6)

		구 분	평균(표준편차)	순 위
위험군	상 담	개인 상담	5.00(.00)	1
	의 료	교도소 병원 치료	4.83(.41)	2
	일상생활 훈련	사회적응 훈련	4.67(.52)	3
비위험군	의 료	외래 병원 치료	4.47(.95)	1
	의 료 / 정신과 의료	교도소 병원 치료 / 정신과 증상 발생시 응급 처치	4.45(.93)	2
	의 료	신체건강에 대한 정기적 진료	4.38(.99)	3

결과를 살펴보면, 강박증 위험군 재소자들은 개인 상담, 교도소 병원 치료, 사회적응 훈련 서비스에 대한 요구도가 가장 높은 반면, 비위험군 재소자들은 외래병원 치료, 교도소 병원 치료, 정신과 증상 발생시 응급 처치 등의 서비스에 대한 요구도가 높았다.

3) 대인민감성 위험군 여성 재소자의 서비스 요구도

〈표 8-20〉 대인민감성 증상 정도에 따른 정신건강 서비스 요구도 차이

(n=6)

	구 분		평균(표준편차)	순 위
위험군	상 담	개인 상담	5.00(.00)	1
	의 료	교도소 병원 치료	4.83(.41)	2
	일상생활 훈련	사회적응 훈련	4.67(.52)	3
비위험군	의 료	외래 병원 치료	4.47(.95)	1
	의 료 정신과 의료	교도소 병원 치료 정신과 증상 발생시 응급 처치	4.45(.93)	2
	의 료	신체건강에 대한 정기적 진료	4.38(.99)	3

결과를 살펴보면, 대인민감성 위험군 재소자들은 교도소 병원 치료, 사회기술 훈련, 개인 상담 등의 서비스에 대한 요구도가 가장 높은 반면, 비위험군 재소자들은 외래병원 치료, 교도소 병원 치료, 정신과 증상 발생시 응급 처치 등의 서비스에 대한 요구도가 높았다.

4) 우울 위험군 여성 재소자의 서비스 요구도

〈표 8-21〉 우울 증상 정도에 따른 정신건강 서비스 요구도 차이

(n=5)

	구 분		평균(표준편차)	순 위
위험군	상 담	개인 상담	5.00(.00)	1
	의 료	교도소 병원 치료	4.83(.41)	2
	일상생활 훈련	사회적응 훈련	4.67(.52)	3
비위험군	의 료	외래 병원 치료	4.47(.95)	1
	의 료 정신과 의료	교도소 병원 치료 정신과 증상 발생시 응급 처치	4.45(.93)	2
	의 료	신체건강에 대한 정기적 진료	4.38(.99)	3

결과를 살펴보면, 우울 위험군 재소자들은 신체건강에 대한 정기적 진료, 교도소 병원 치료, 개인 상담 서비스 등의 서비스에 대한 요구도가 가장 높은 반면, 비위험군 재소자들은 외래병원 치료, 교도소 병원 치료, 정신과 증상 발생시 응급 처치 등의 서비스에 대한 요구도가 높았다.

5) 불안 위험군 여성 재소자의 서비스 요구도

〈표 8-22〉 불안 증상 정도에 따른 정신건강 서비스 요구도 차이

(n=5)

		구 분	평균(표준편차)	순 위
위험군	상 담	개인 상담	5.00(.00)	1
	의 료	교도소 병원 치료	4.83(.41)	2
	일상생활 훈련	사회적응 훈련	4.67(.52)	3
비위험군	의 료	외래 병원 치료	4.47(.95)	1
	의 료 정신과 의료	교도소 병원 치료 정신과 증상 발생시 응급 처치	4.45(.93)	2
	의 료	신체건강에 대한 정기적 진료	4.38(.99)	3

결과를 살펴보면, 불안 위험군 재소자들은 개인 상담, 위기 상담, 사회기술 훈련 등의 서비스에 대한 요구도가 가장 높은 반면, 비위험군 재소자들은 외래병원 치료, 교도소 병원 치료, 정신과 증상 발생시 응급 처치 등의 서비스에 대한 요구도가 높았다.

6) 적대감 위험군 여성 재소자의 서비스 요구도

〈표 8-23〉 적대감 증상 정도에 따른 정신건강 서비스 요구도 차이

(n=3)

	구 분		평균(표준편차)	순 위
위험군	상 담	개인 상담, 위기 상담 심리검사 · 성격검사 예술치료, 정신치료극	5.00(.00)	1
	여가문화	TV시청 · 신문 읽기	4.67(.58)	2
	위기개입 일상기술 훈련 직업 관련 의 료 정신과의료 상 담	자살예방 사회기술 훈련 직업훈련 신체건강에 대한 정기적 진료 정신과 약물치료 진로 · 직업 상담	4.33(1.16)	3
비위험군	의 료	외래 병원 치료	4.47(.96)	1
	의 료 정신과 의료	교도소 병원 치료 정신과 증상 발생시 응급 처치	4.46(.93)	2
	의 료	신체건강에 대한 정기적 진료	4.39(.98)	3

결과를 살펴보면, 적대감 위험군 재소자들은 개인 상담, 위기 상담, 심리검사, 예술치료, 정신치료극 서비스와 TV시청 · 신문 읽기에 대한 요구도가 가장 높은 반면, 비위험군 재소자들은 외래병원 치료, 교도소 병원 치료, 정신과 증상 발생시 응급 처치 등의 서비스에 대한 요구도가 높았다.

7) 공포불안 위험군 여성 재소자의 서비스 요구도

〈표 8-24〉 공포불안 증상 정도에 따른 정신건강 서비스 요구도 차이

(n = 10)

		구 분	평균(표준편차)	순 위
위험군	상 담	개인 상담	4.60(.97)	1
	의 료	신체건강에 대한 정기적 진료	4.50(.85)	2
	의 료	교도소 병원 치료	4.40(.84)	3
비위험군	의 료	외래 병원 치료	4.48(.95)	1
	의 료	교도소 병원 치료	4.47(.93)	2
	정신과 의료	정신과 증상 발생시 응급 처치	4.47(.92)	
	의 료	신체건강에 대한 정기적 진료	4.39(.99)	3

결과를 살펴보면, 공포불안 위험군 재소자들은 개인 상담, 신체건강에 대한 정기적 진료, 교도소 병원 치료 서비스에 대한 요구도가 가장 높은 반면, 비위험군 재소자들은 외래병원 치료, 교도소 병원 치료, 정신과 증상 발생시 응급 처치 등의 서비스에 대한 요구도가 높았다.

8) 편집증 위험군 여성 재소자의 서비스 요구도

〈표 8 – 25〉 편집증 증상 정도에 따른 정신건강 서비스 요구도 차이

(n = 5)

		구 분	평균(표준편차)	순 위
	상 담	개인 상담	5.00(.00)	1
위험군	의 료	신체건강에 대한 정기적 진료	4.80(.48)	2
	의 료	교도소 병원 치료		
	상 담	진로·직업 상담, 위기 상담		
	상 담	가족 상담, 심리검사·성격검사		
	의 료	사회기술 훈련	4.60(.55)	3
	직업 관련	직업알선	4.60(.55)	
	정신과의료	정신과 약물치료	4.60(.89)	
비위험군	의 료	외래 병원 치료	4.47(.95)	1
	의 료	교도소 병원 치료	4.46(.93)	2
	정신과 의료	정신과 증상 발생 시 응급 처치	4.45(.93)	3

결과를 살펴보면, 편집증 위험군 재소자들은 개인 상담, 신체건강에 대한 정기적 진료, 교도소 병원 치료, 진로·직업 상담, 위기 상담, 가족 상담, 심리검사·성격검사 등의 서비스에 대한 요구도가 가장 높은 반면, 비위험군 재소자들은 외래병원 치료, 교도소 병원 치료, 정신과 증상 발생시 응급 처치 서비스에 대한 요구도가 높았다.

9) 정신증 위험군 여성 재소자의 서비스 요구도

〈표 8-26〉 정신증 증상 정도에 따른 정신건강 서비스 요구도 차이

(n=6)

		구 분	평균(표준편차)	순 위
위험군	상 담	개인 상담	5.00(.00)	1
	상 담	위기 상담, 심리검사·성격검사	4.83(.41)	2
	일상기술 훈련	사회기술 훈련		
	직업 관련	직업알선	4.50(.84)	3
	의 료	신체건강에 대한 정기적 진료		
비위험군	의 료	외래 병원 치료	4.48(.94)	1
	의 료	교도소 병원 치료	4.46(.93)	
	정신과 의료	정신과 증상 발생시 응급 처치	4.46(.92)	2
	의 료	신체건강에 대한 정기적 진료	4.39(.99)	3

결과를 살펴보면, 정신증 위험군 재소자들은 개인 상담, 위기 상담, 심리검사·성격검사 서비스에 대한 요구도가 가장 높은 반면, 비위험군 재소자들은 외래병원 치료, 교도소 병원 치료, 정신과 증상 발생시 응급 처치 서비스에 대한 요구도가 높았다.

제 9 장

논 의

제1절 연구 결과 요약

본 연구는 여성 재소자들의 정신건강 상태를 알아보고, 정신건강 상태에 영향을 미치는 요인이 무엇인지를 확인하고자 하였으며, 재소자들의 일반적인 특성과 학대경험, 사회적 지지 정도가 정신건강에 영향을 미치는지를 알아봄으로써, 여성 재소자들의 정신건강 상태를 예측하고 증진시킬 수 있는 개입활동의 계획에 도움을 줄 수 있는 자료 획득을 위하여 시도되었다.

또한 정신건강 서비스를 위기개입 서비스, 일상생활 훈련 서비스, 직업 관련 서비스, 의료 서비스, 정신과 의료 서비스, 상담 서비스, 교육 서비스, 여가 및 문화생활로 구분하여 여성 재소자들의 실질적인 정신건강 서비스 욕구를 확인하기 위한 목적으로 실시되었다.

여성 재소자들의 정신건강 상태를 알아본 결과, 이들의 SCL – 90 – R의 전체 심도지수 및 하위 증상 차원은 모두 정상 범위 내에 있고, 70점 이상 위험군의 비율도 일반인들과 차이가 없었다. 이러한 결과는 남성 재소자들에 비해 여성 재소자들이 심각한 수준의 정신질환에 걸려 있을 가능성이 높고(Veysey, 1998), 모든 정신 장애의 비율이 일반 여성보다 여성 재소자들에게서 더 높으며(Teplin et al., 1996), 여성 재소자(15.0%)가 남성 재소자(6.1%)에 비해 2

배의 비율로 심각한 정신장애를 겪고 있다(Abram, Teplin & McClelland, 2003)는 외국의 연구들과는 일치하지 않는 결과이다. 이러한 결과가 나온 이유에 대해서, 측정 도구상에 문제를 고려해 보아야 할 것이다. SCL-90-R은 정신건강을 측정하는 도구로 많이 이용되지만, MMPI와 같이 심리적인 부적응 및 이상 상태를 알아내고 정신건강과 관련하여 전문적인 도움 및 치료를 필요로 하는 사람들을 가려내 주는 도구라는 점에서, 정신건강 일반에 걸친 도구로서의 민감도나 변별력은 다소 떨어질 수 있다. 따라서 추후 연구에서는 정신건강 일반을 다룰 수 있는 측정도구를 사용해 가설을 재검증할 필요가 있겠다.

여성 재소자들의 일반적 특성에 따른 정신건강 상태를 살펴본 결과, 전체 31개의 일반적 특성 중 자녀 돌봄 상태, 약물사용 경험 여부, 약물사용 기간과 동기, 그리고 전과 기록의 5개 변인에서 p < .01 수준에서 SCL-90-R의 전체 심도지수 점수가 차이를 나타냈다. 즉, 자녀가 돌봄을 잘 받고 있고, 약물 사용 경험이 없으며 약물 사용 기간이 1~2년 미만이면서 단순한 체중감소 등의 이유로 약물을 사용한 재소자, 그리고 전과 기록이 적은 재소자의 정신건강 상태가 가장 좋았다. 따라서 여성 재소자들의 일반적 특성에 따라 정신건강 상태에 차이가 있을 것이라는 가설은 지지되고 있다.

하위 증상별로 살펴보면, 신체화는 종교의 영향력과 자녀 돌봄 상태, 약물 사용 경험과 사용 동기, 전과기록과 서신 횟수에서 p < .05 이상 수준에서 통계적으로 유의한 차이를 보였다. 즉, 종교가 삶에 미치는 영향력이 크고, 자녀가 돌봄을 잘 받고 있으며 약물 사용 경험이 없는 사람, 그리고 약물 사용기간이 3~5년 미만인 재소자

가 신체화 정도가 낮았다. 또한 수형기간이 1년 이하이고 전과기록이 적을수록, 신체화 정도가 낮았고 월평균 서신 횟수가 21~25통인 재소자의 증상 점수가 낮았다.

강박증은 자녀 돌봄 상태와 약물 사용 경험과 사용 동기, 전과기록에서 $p < .01$ 이상 수준에서 통계적으로 유의한 차이를 보였다. 자녀가 돌봄을 잘 받고 있고 약물 사용 경험이 없으며 전과가 적은 재소자의 증상 점수가 낮았다.

대인민감성 차원은 자녀 돌봄 상태와 18세 이전 주 양육자, 약물 사용 경험과 사용 동기, 전과기록에서 $p < .05$ 이상 수준에서 차이를 나타냈다. 자녀가 돌봄을 잘 받고 있고 18세 이전 주 양육자가 친부모인 경우 대인민감성 정도가 가장 낮았고 조부모인 경우가 가장 높았다. 또한 약물사용 경험이 없고 약물 사용 경험이 있는 경우 사용 동기가 체중감소였던 재소자가 증상 정도가 가장 낮았으며, 수형기간은 1년 이하인 재소자가 증상 점수가 낮았다. 전과기록에서는 4회 이하인 경우와 5회 이상인 경우가 유의한 차이를 보였는데, 5회 이상인 경우 증상 점수가 유의하게 높았다.

우울은 학력과 자녀 돌봄 상태, 약물 사용 경험과 사용 동기, 전과기록에서 $p < .05$ 이상 수준에서 통계적으로 유의한 차이를 보였다. 학력이 대졸이고 자녀가 돌봄을 잘 받고 있다고 한 재소자의 우울 정도가 낮았고 약물 경험이 없으며 약물 사용 경험이 있는 경우 사용 기간이 1~2년 미만이거나 3~5년인 경우, 체중감소를 위해 사용한 경우가 증상의 정도가 낮았다. 그리고 수형기간이 4회 이하인 재소자의 증상 점수가 낮았다.

불안과 적대감은 자녀 돌봄 상태와 약물 사용 경험과 사용 동기,

전과기록에서 p〈 .05 이상 수준에서 유의한 차이를 보였다. 즉, 자녀가 돌봄을 잘 받고 있고 약물 사용 경험이 없으며 사용 동기가 체중감소인 경우, 그리고 전과기록이 4회 이하인 경우 불안과 적대감 증상 점수가 낮았다.

공포불안은 자녀 돌봄 상태와 18세 이전 주양육자, 약물사용 경험과 사용 동기, 전과기록과 서신 횟수에 따라 유의한 차이를 보였다. 자녀가 돌봄을 잘 받고 있고 18세 이전의 주 양육자가 친부모이거나 기타인 경우 증상 정도가 낮았다. 또한 약물 경험이 없으며 사용기간이 1~2년 미만인 경우, 그리고 약물을 사용한 동기가 주위의 권유나 신체적 피로감을 감소시키기 위한 경우 증상 점수가 낮았고, 수형기간은 4회 이하인 경우 증상 점수가 낮게 나왔다.

편집증은 자녀 돌봄 상태와 18세 이전 주 양육자, 약물사용 경험, 전과기록과 서신 횟수에서 p〈 .05 이상 수준에서 유의한 차이를 보였다. 자녀가 돌봄을 잘 받고 있고 18세 이전 주 양육자가 친부모인 경우가 증상 정도가 낮았다. 또한 약물 경험이 없고 사용기간이 1~2년 미만인 경우, 그리고 전과가 적을수록 증상 점수가 낮았다. 받는 서신이 없다고 응답한 재소자의 경우 편집증 정도가 유의하게 높았다.

정신증은 자녀 돌봄 상태와 약물사용 경험과 사용 동기, 전과기록에서 p〈 .05 이상 수준에서 통계적으로 유의한 차이를 보이는 것으로 나타났다. 자녀가 돌봄을 잘 받고 있는 경우 증상 정도가 낮고, 약물 경험이 없으며 경험이 있는 경우 사용기간 1~2년 미만인 경우, 사용 동기는 체중감소인 경우와 주위의 권유인 경우 정신증 점수가 낮았다. 또한 전과기록이 4회 이하인 경우 유의하게 증상 점수가 낮았다.

다음으로 학대경험과 정신건강 상태와의 관계를 알아보기 위해 Pearson 상관분석을 실시해 본 결과, 학대경험과 정신건강은 p < .05 수준에서 정적인 관계인 것으로 나타나, 학대수준이 높은 집단은 낮은 집단보다 정신건강 수준이 유의하게 높은 것으로 나타났다.

각 학대 유형과 정신건강 하위 증상들과의 관계를 살펴보면, 신체적 학대는 대인민감성과 적대감과 관계가 있으며, 정서적 학대는 공포불안을 제외한 전 하위 증상과 관계가 있다. 또한 방임과 성적 학대는 전체 심도지수를 제외한 전 하위 증상 차원과 정적인 관계가 있는 것으로 나타났다. 따라서 본 연구의 가설인 학대경험이 많을수록 정신건강 수준은 낮을 것이라는 가설은 검증되었다. 이는 대학생의 성 피해 경험과 정신건강과의 관련성에 관한 장진숙(2006)의 연구와, 아동기 성 학대를 경험한 여대생들의 정신건강에 관한 유수진(2003)의 연구, 아동기 정서적 학대경험이 성인기의 심리적 부적응 간의 관련성에 관한 김혜인(2007)의 연구와 기존 선행 연구들(Briere & Runtz, 1998; Mullern, Mar-tin, Anderson, Romans & Her bison, 1996; Rich, Gingerich & Rosen, 1997), 그리고 학대와 방임의 아동기 외상 경험이 높을수록 불안, 우울 등의 심리적 증상이 높다는 이유경(2006)의 연구 등 많은 선행 연구 결과와 일치하는 것이다.

사회적 지지와 정신건강 상태와의 관계를 알아보기 위해 Pearson 상관분석을 실시해 본 결과, 사회적 지지와 정신건강은 p < .01 수준에서 부적인 관계가 있는 것으로 나타났고, 하위 증상 차원에서도 신체화를 제외한 전 영역에서 높은 상관 정도를 보였다. 이를

통해 여성 재소자들의 사회적 지지가 높을수록 정신건강 수준이 높을 것이라는 본 연구의 가설은 지지되었다. 이는 사회적 지지가 개인의 심리적 적응과 정신건강에 긍정적인 영향을 미친다는 많은 선행 연구들(김미례, 2006; 김영주, 2007; 김영미, 2005; 김영주, 2007; 김현선, 2007; 박영호, 김정인, 2000; 박입근, 2007; 배경진, 2006; 손에스더, 2002; 이병환; 2006; 이영주, 2007; 최연경, 2005)과 일치하는 결과이다.

학대경험과 사회적 지지도가 여성 재소자들의 정신건강 상태에 미치는 영향력을 확인하기 위해 다중회귀 분석을 실시한 결과, 학대경험과 사회적 지지 모두 p < .001 수준에서 유의한 정도의 영향력을 미치는 것으로 조사되었다. 상대적인 영향력에 있어서, 전체 심도지수는 학대경험의 영향 정도가 컸고, 나머지 전체 하위 증상 차원에서는 사회적 지지의 영향력 정도가 더 크게 나타났다. 따라서 학대경험, 사회적 지지도가 정신건강 상태에 미치는 영향에는 차이가 있을 것이라는 가설은 지지되었다.

여성 재소자들이 수형기간 중 경험한 정신건강 서비스의 만족도와 서비스 욕구를 빈도분석을 통해 확인하였다. 만족도에서는 '보통이다'라고 답하는 응답자가 140명(57.6%)을 차지해 가장 많았고, 요구도가 가장 큰 서비스는 '증상 발생시 응급 처치'(평균 4.50)이며, 그다음으로는 '외래 병원 치료'(평균 4.47점)와 '교도소 병원 치료'(평균 4.46), '신체건강에 대한 정기적 진료'(평균 4.39점)로 나타나, 여성 재소자들은 전반적으로 '정신과 의료 서비스'와 '의료 서비스', '직업 관련 서비스'에 대한 요구가 높음을 알 수 있다.

그러나 앞서 언급했듯이, 정신과 의료 서비스와 의료 서비스는 여성 재소자들이 수형 생활 중 보장받아야 할 기본적인 권리나 현실적인 필요이다. 따라서 이러한 차원의 서비스를 제외한다면, 여성 재소자들의 요구도가 가장 큰 서비스는 '개인 상담' 서비스이며, 이렇게 개인 상담 서비스에 대한 요구도가 '직업 알선'이나 '취업 후 사후관리' 등의 직업 관련 서비스에 대한 요구도보다 큰 것은 대단히 중요한 함의를 가진다고 볼 수 있겠다.

여성 재소자들의 일반적 특성에 따라 요구하는 정신건강 서비스의 차이를 알아보기 위해 t‑test 및 Anova를 실시하였다. 결과를 살펴보면, 전체 31개의 일반적 특성 중 나이, 종교 영향력 등 14개 변인에서 통계적으로 유의한 수준에서 차이가 났다. 나이는 직업 관련 서비스, 정신과 의료 서비스, 상담 서비스에서 통계적으로 유의한 차이를 나타내었다. 직업 관련 서비스와 정신과 의료 서비스에서는 30대가, 상담 서비스에서는 20대가 서비스 요구도가 가장 높았고, 전반적으로 연령이 낮을수록 요구도가 높았다. 종교가 삶에 미치는 영향력 정도 변인은 여가 및 문화생활 요구에서 통계적으로 유의한 차이를 나타내었다. 매우 영향을 많이 미친다고 응답한 재소자의 서비스 요구도가 가장 높았다. 결혼 상태는 의료 서비스, 정신과 의료 서비스), 여가 및 문화생활 요구에서 통계적으로 유의한 차이를 나타내었다. 의료 서비스는 미혼과 재혼인 재소자, 정신과 의료 서비스는 별거인 재소자, 그리고 여가 및 문화생활은 미혼인 재소자의 서비스 요구도가 가장 높았다. 자녀 돌봄 상태 변인은 여가 및 문화생활 요구에서 통계적으로 유의한 차이를 나타내었다. 자녀가 돌봄을 잘 받고 있는지 모르겠다고 응답한 재소자의 서비스 요구도가 가장 높았다. 직업은 교육 서비스에서 통계적으로 유의한 차이를 나타내었다. 기술직 재소자의 서비스 요구도가 가장 높았고, 관리직, 전문직 재소자의 요구도가 가장 낮았다. 직업 활동 당시 월평균 수입은 정신과 의료 서비스에서 통계적으로 유의한 차이를 나타내었다. 수입이 250만~300만 원 미만인 재소자의 서비스 요구도가 가장 높았고 전반적으로 수입이 많은 재소자의 서비스 요구도가 높았다. 가정의 월평균 수입은 의료 서비스, 정신과 의료 서비스에서 통계적으로 유의한 차이를 나타내었다. 의료 서비스는 가정 수입이 200만~250만 원 미만인 재소자, 정신과 의료 서비스는 300만~400만 원 미만인 재소자의 서비스 요구도가 가장 높았고, 전반적으로 가정의 수입이 많은 재소자의 서비스 요구도가 높았다. 전과는 의료 서비스에서 통계적으로 유의한 차이를 나타내었다. 초범인 재소자의 서비스 요구도가 가장 높았다. 월평균 서신 횟수는 여가 및 문화생활에서 통계적으로 유의한 차이를 나타내었다. 6~10통, 25통 이상이라고 응답한 재소자의 서비스 요구도가 가장 높았다. 서신 횟수에 대한 인식은 위기 개입 서비스, 의료 서비스, 정신과 의료 서비스에서 통계적으로 유의한 차이를 나타내었다. 위기 개입 서비스와 정신과 의료 서비스는 서신이 자주 온다고 생각한다는 응답을, 의료 서비스는 서신이 매우 자주 온다고 생각한다는 응답을 한 재소자가 서비스 요구도가 가장 높았다. 서신 횟수에 대한 만족도는 정신과 의료 서비스에서 통계적으로 유의한 차이를 나타내었다. 서신 횟수에 대해서 대체로 불만이라고 응답한 재소자의 서비스 요구도가 가장 높았다. 접견 중요도는 의료 서비스, 상담 서비스, 교육 서비스에서 통계적으로 유의한 차이를 나타내었다. 의료 서비스는 접견이 매우 중요하다고 응답한 재소자, 상담과 교육 서비스는 접견이 중요하지 않다고 응답한 재소자의 서비스 요구도가 가장 높았다. 서신 중요도는 일상생활 훈련 서비스, 직업 관련 서비스, 의료 서비스, 정신과 의료 서비스, 여가 및 문화생활에서 통계적으로 유의한 차이를 나타내었다. 모두 서신이 매우 중요하다, 중요하다고 응답한 재소자의 서비스 요구도가 가장 높았다. 접견과 서신의 정서적 위로 효과 여부를 묻는 질문에서는 일상생활 훈련 서비스, 의료 서비스, 정신과 의료 서비스, 상담 서비스, 여가 및 문화생활에서 통계적으로 유의한 차이를 나타내었다. 모두 접견과 서신의 정서적 위로 효과 여부에 대해 매우 그렇다고 응답한 재소자의 서비스 요구도가 가장 높았다.

이러한 결과들을 통해 여성 재소자들의 일반적인 특성에 따라 요구하는 정신건강 서비스에는 차이가 있을 것이라는 본 연구의 가설은 지지됨을 알 수 있다.

다음으로, 여성 재소자들의 정신건강 하위 증상의 수준과 심각도에 따라 정신건강 서비스 욕구의 차이를 구체적으로 알아보기 위해, SCL-90-R의 위험군 분류 기준점수인 T점수 70점을 기준으로 하여 위험군과 비위험군의 정신건강 서비스 요구도 순위를 비교해 보았다.

결과를 살펴보면, 신체화 위험군 재소자들은 TV시청·신문 읽기, 게임·운동, 응급 상황 발생 시 조치, 개인 상담 등의 서비스에 대한 요구도가 가장 높았고, 강박증 위험군 재소자들은 개인 상담, 교도소 병원 치료, 사회적응 훈련 서비스에 대한 요구도가 가장 높았다. 대인민감성 위험군 재소자들은 교도소 병원, 사회기술 훈련, 개인 상담 등의 서비스에 대한 요구도가 가장 높았고, 우울 위험군 재소자들은 신체건강에 대한 정기적 진료, 교도소 병원 치료, 개인 상담 서비스 등의 서비스에 대한 요구도가 가장 높았다. 불안 위험군 재소자들은 개인 상담, 위기 상담, 사회기술 훈련 등의 서비스에 대한 요구도가 가장 높았으며, 적대감 위험군 재소자들은 개인 상담, 위기 상담, 심리검사, 예술치료, 정신치료극 서비스와 TV시청·신문 읽기에 대한 요구도가 가장 높은 것으로 드러났다. 공포불안 위험군 재소자들은 개인 상담, 신체건강에 대한 정기적 진료, 교도소 병원 치료 서비스에 대한 요구도가 가장 높았고, 편집증 위험군 재소자들은 개인 상담과 위기 상담, 심리검사·성격검사, 예술치료 등 상담 서비스에 대한 요구도가 가장 높았다. 마지막으로 정신증 위험군 재소자들은 개인 상담, 위기 상담, 심리검사 서비스에 대한 요구도가 가장 높았다.

하위 증상 차원에 관계없이, 비위험군 재소자들은 교도소 병원 치료와 외래 병원 치료, 정신과 증상 발생 시 응급처치, 신체건강에 대한 정기적인 치료 서비스에 대한 욕구가 컸으나, 위험군 재소자들은 증상에 따라 서비스 욕구 양상에서 다양성을 나타내 비위험군 재소자들과 차이를 보였고, 9개 하위 증상 차원 중 8개 차원의 위험군 재소자들은 1순위로 '개인 상담' 서비스 등 상담 서비스를 요구하였다.

제2절 연구의 함의

여성 재소자들의 정신건강 상태가 일반인들과 차이가 없다는 본 연구의 결과는 많은 국내·외 선행 연구 결과들과 일치하지 않는 것이다. 이러한 결과는 앞서도 언급했듯이 측정도구상의 문제 측면을 고려했을 때 추후 연구에서 다른 측정도구를 사용하여 이러한 결과를 재검증해 볼 필요가 있겠다.

여성 재소자들의 정신건강 상태에 자녀 돌봄 상태와 사회적 지지도가 중요한 영향을 미치는 변인이라는 결과는 여성 재소자들에 대한 정신건강 서비스와 정책에 있어서 가족관계와 자녀관계를 고려하고 사회적 지원망의 확충이라는 측면이 강조되어야 함을 말해 준다.

재소자들의 자녀수에 관한 통계 결과에서 보듯이, 자녀를 가진 재소자의 비율은 전체 조사대상자의 71%였다. 또한 재소자들의 60% 이상이 30, 40대를 차지하고 있는데, 이 연령대의 재소자는 자녀의 연령이 미성년인 경우가 많아, 여성들의 구금은 재소자 당사자뿐만 아니라 가족과 자녀 문제까지 동반하게 된다. 본 연구에서도 자녀가 돌봄을 잘 받고 있지 못하다고 응답한 재소자들의 정신건강 수준이 낮았다. 이와 같은 결과와 함께 여성 재소자의 대부분이 기혼 여성이라는 점을 감안할 때, 여성 재소자들의 가족관계, 자녀관계가 고려된 정책적인 지원이 필요하다는 것을 알 수 있다.

여성 재소자들의 구금으로 인해 모자 관계가 위협받고 자녀들의 건강이 저해되며 가정이 해체된다면, 이는 막대한 사회적 손실이

될 것이다. 또한 학대경험의 후유증에 시달리는 재소자들이 방치된다면 교정 시설 내에서의 적응에 실패할 뿐만 아니라 더 큰 정신적 고통을 안고 출소하게 되어 사회에 정상적으로 복귀하는 것이 어렵게 된다. 본 연구를 통해 확인된 자녀와의 관계 유지를 위한 지원, 사회적 지지망의 확충의 중요성에 따라, 여성 재소자들과 이들의 자녀를 위시한 가족에 대한 정책적인 지원과 사회적 지지망을 확립해주고 보강해주는 노력이 필요함을 확인할 수 있다.

약물 관련 변인 또한 여성 재소자들의 정신건강에 유의하게 영향을 미쳤다. 여성들은 남성들에 비해 진정제, 수면제, 항불안제와 같은 합법적인 약물을 남용하는 경향이 있다(Corrigan, 1987; Sutker, 1981). 본 연구에 참가한 여성 재소자들 또한 술이나 담배, 진통제와 안정제를 사용한 경험이 있는 재소자가 많았다. 그러나 문제는 약물 사용 경험 자체가 미치는 부정적인 영향이다. 일반적으로 약물남용 여성들은 남성들보다 그들의 삶에 대해 낮은 기대감을 가지고 있으며, 삶을 발전시키기보다는 생존에 대한 불안을 심각하게 경험하고(Root, 1989), 남성들보다 더 높은 수준의 죄책감, 부끄러움(Lex, 1990; Reed, 1985; Underhill, 1986), 낮은 자존감(Beckman, 1984), 수동성, 공격성 및 갈등(Conte, 1991)의 문제를 더 많이 경험한다(문성호, 1999, 재인용). 본 연구에서도 약물 사용 경험이 있는 여성들의 SCL-90-R 전 하위 증상 차원 점수가 유의하게 높게 나와, 정신건강 상태가 좋지 않은 것으로 드러났다.

더욱 문제가 되는 점은 본 연구에서 그 결과로 제시하지는 않았지만 약물 사용 경험이 있는 재소자들의 경우, 학대경험 비율이 높고 사회적 지지 정도가 낮았다는 점이다. 이는 많은 여성들이 그들 삶에서 충격적인 사건이 일어난 후에 약물을 사용하기 시작하며 (Doshan & Bursch, 1982; Kane – Cavaiola & Rullo – Cooney, 1991), 아동기의 근친상간 그리고 폭력 등의 학대경험이 여성들 사이에 약물사용을 촉진하는 사건이 될 수 있다(Miller, Downs, Gondoli & Keil, 1987; Rohsenow, Corbett & Devine, 1988)는 많은 선행 연구들과 부합하는 결과이다. 차후 이러한 측면에 대한 보다 심층적인 연구가 이루어질 필요가 있겠다.

동일하고 유사한 상황에 있을지라도 서로 다른 경험이나 선호 경향에서의 차이로 인해 사람들은 욕구에 있어서 차이가 있을 수 있다. 교도소라는 같은 상황에 있는 여성 재소자들 또한 나이, 종교, 결혼 상태 등 개인적인 특성 그리고 정신건강 하위 증상의 수준과 심각도에 따라 정신건강 서비스 욕구 양상에서 차이를 나타냈다. 여성 재소자들에게 제공하는 정신건강 서비스의 효과성을 제고하기 위해서는 제공되는 서비스의 필요성이 여성 재소자들에게 인정될 수 있어야 하며, 서비스를 이용하는 재소자들의 주관적 판단 역시 만족스러운 재소자 중심의 정신건강 서비스가 되어야 한다. 이를 위해서는 여성 재소자들의 정신건강 서비스 욕구가 무엇인지를 먼저 파악해야 할 것이며, 이를 중심으로 하는 정신건강 서비스가 제공될 필요가 있다. 여성 재소자들의 정신건강 상태에 영향을 미치는 여러 일반적 특성들을 기초로 위험군을 선별하고 예측하며, 이들이 실질적으로 요구하는 정신건강 서비스를 우선적으로 제공한다면, 정신건강 서비스는 효과성을 향상시킬 수 있을 것이다.

여성 재소자 전체를 대상으로 정신건강 서비스 요구도를 조사한 결과에서 정신과 의료 서비스와 의료 서비스를 제외하고 가장 요구도가 큰 서비스가 '개인 상담'이라는 점과, SCL - 90 - R 9개 하위 증상 중 8개 증상의 위험군 재소자들의 요구도가 가장 큰 서비스가 '개인 상담' 등의 상담 서비스라는 점은 교정 시스템에서 '상담 서비스' 제공의 중요성을 함의하는 결과이다. 교정시설에서의 상담은 매우 중요한 기능을 갖지만, 우리나라에서는 적극적으로 활용되고 있지 못하고 있는 실정이다. 재소자들을 대상으로 상담을 실시하고 있는 많은 선진국의 사례와 실상을 살펴보고, 우리 실정에 맞는 방법으로 효과적인 상담 서비스를 재소자들에게 제공해야 할 필요가 있다.

한 가지 주목할 점은 설문지에 제시된 정신건강 서비스 중 상당수의 서비스를 경험해 보지 못했고 무엇인지도 잘 모른다고 말한 재소자들이 많았다는 점이다. 아무리 좋은 프로그램과 서비스가 존재한다고 할지라도 재소자들이 이에 대해 인식하지 못하거나 실제로 제공받은 경험이 적다면, 서비스에 대한 재소자들의 요구도나 만족도는 낮을 수밖에 없고, 서비스 제공자나 시설의 상황 중심으로 주어지는 서비스의 효과 또한 크게 기대할 수 없다. 이러한 문제를 해결하기 위해서는 먼저 재소자들이 정신건강 서비스를 이해하고 경험해 보아야 하며, 이러한 측면은 교정 정책 입안자와 실무자들 모두가 재고해 보아야 할 문제이다.

제 10 장

결론 및 제언

여성 재소자들에게 제공하는 정신건강 서비스의 효과성을 제고하기 위해서는 우선적으로 재소자들의 서비스 욕구의 정도와 양상에 대한 파악과 이해가 먼저 이루어져야 하며, 이를 중심으로 하는 정신건강 서비스가 제공될 필요가 있다.

이러한 취지에서 본 연구는 전국의 교도소 중 3개 교도소에 수형 중인 여성 재소자 270명을 대상으로 인구사회학적 및 발달적 특성, 관계적 특성들이 재소자들의 정신건강 상태에 미치는 영향을 확인하고자 하였으며, 이러한 일반적 특성과 정신건강 상태에 따른 정신건강 서비스 욕구의 차이를 규명하여 그에 대한 실천적 함의를 제시하고자 하였다.

연구결과를 요약하면 다음과 같다.

첫째, 여성 재소자들의 정신건강 수준은 일반인들과 비교했을 때 차이가 없었다.

둘째, 여성 재소자들의 정신건강은 자녀 돌봄 상황, 약물 경험 등 몇몇 일반적 특성에 따라 차이가 있었다.

셋째, 학대경험이 많은 여성 재소자일수록 정신건강 수준은 낮았고, 사회적 지지 정도가 높은 여성 재소자일수록 정신건강 수준은 높았다.

넷째, 여성 재소자들의 학대경험과 사회적 지지 정도는 정신건강에 통계적으로 유의하게 영향을 미쳤다.

다섯째, 여성 재소자들은 정신과 의료 서비스와 의료 서비스, 그리고 개인 상담 서비스에 대한 요구가 높았다.

여섯째, 여성 재소자들의 일반적인 특성에 따라 요구하는 정신건강 서비스에는 차이가 있었다.

여덟째, 여성 재소자들의 정신건강 하위 증상의 수준과 심각도에 따라 요구하는 정신건강 서비스에는 차이가 있었다.

본 연구에서 확인한 바와 같이, 여성 재소자들은 자녀 문제와 약물 관련 문제, 학대경험, 정신건강 상의 문제 등 많은 복합적인 문제를 경험하고 있다. 그러나 기존의 교도소 정신건강 서비스는 남성 위주의 접근방식으로 여성 재소자들의 욕구와 민감한 사안들을 강조하는 데 실패하였다.

여성 범죄자의 증가와 그로 인한 여성수용 비율이 높아지고 있으나 여성전용 교정시설이 전국적으로 한 개소만 운영되고 있고 여성 재소자의 특성에 맞춘 프로그램이나 서비스는 전무한 실정이다. 물론 우리나라의 교정 현실은 재정 및 인적 자원이 충분하지 않고 일선 현장 실무자들의 전문교육 및 훈련 재료도 미비한 상황이다. 또한 여성 재소자들의 특성과 상황, 요구가 반영된 교정 서비스, 정신건강 서비스의 중요성에 대한 인식과 관심 정도도 그리 높지 않아 간단히 해결되고 개선될 수 있는 문제는 아니다.

하지만 먼저, 이러한 문제들에 대해 개선해야 할 측면들이 분명히 있다는 인식이 교정행정 당국자들과 정책입안자들에게 요구되며, 재소자들을 처벌의 대상이 아니라 교육과 교화를 통해 성공적으로 재사회화하여 건강한 시민의 일원으로 지역사회로 복귀시킨다는 인식을 갖고 한 인격체로서 존중하는 태도를 가질 때 이러한 제도 마련은 그리 요원한 과제만은 아닐 것이다.

앞서 살펴본 여성 재소자의 정신건강 특성과 서비스 욕구에서 나타나는 문제점을 최소화하고 이들의 정신건강 수준 향상을 위한 실질적이고 효과적인 서비스를 제공하기 위한 방안으로 다음과 같은 제언을 하고자 한다.

첫째, 여성 재소자 특유의 생리적, 심리적, 사회적 특성에 대한 체계적이고 지속적인 연구가 이루어져야 하고, 이러한 연구 결과, 지식이 여성 재소자를 위한 개입과 처우 정책에 통합, 반영되어야 한다. 외국의 많은 연구결과들과 본 연구의 결과를 통해 확인했듯이, 여성 재소자들의 욕구는 관계적 측면과 발달적 측면 등 다양한 이론적 인식과 관점으로부터 연구될 필요가 있다. 특별히 여성 재소자들의 구금 이전의 삶에서 몇 가지 중요한 요인이 확인되었는데, 아동기 양육 환경이나 학대경험, 약물 관련 요인 등이 그것이다. 이러한 측면에서의 연구 결과는 정신건강 취약군, 위험군을 선별하는 기초 자료로 활용될 수 있고, 더 나아가서는 정신건강 위험 요인을 확인하여 사후관리 차원의 교정이 아니라 범죄의 예방이라는 차원에서 활용 가능할 것이다.

둘째, 여성 재소자들의 가족관계와 자녀관계, 그리고 사회적 지지망의 확충이 고려된 정책적인 지원이 필요하다. 구금으로 인해 일상생활을 함께 영위하던 사람들과의 관계 단절과 해체, 무력감은 심리적인 고통의 원인이 된다. 여성 재소자의 건강한 수형 생활과 출소 후 지역사회와의 성공적인 재통합을 위해서는 가족에 대한 정책적인 지원과 효과적인 사회적 지지망과 지지 체계를 확립해주고 보강해 주는 노력이 요구된다. 자녀와의 유대강화 프로그램이나 접견 프로그램의 개선 등을 통해 여성 재소자와 자녀와의 유대를 강화시키고, 지역시민이나 자원봉사자들로 구성된 지지집단이나 자조모임 등 지지적 환경개발과 영역 확보로 사회적 지지망과 지지 체계를 확립해 주고 보강해 주는 서비스가 시도될 만하다.

셋째, 여성 재소자들의 정신건강 증진을 위해 교정 상담 서비스가 재소자들에게 적극적으로 제공되어야 한다. 교정시설에 구금되어 있는 재소자들은 여러 측면에서 상담이 더 필요한 집단이라고 할 수 있다. 현재 우리나라 교도소 재소자들은 입소시 단순히 본범 내용, 비행 전력, 성별과 나이와 같이 범죄 관련 변인과 인구학적 변인에 따라 분류되어 왔다. 최근 심리적 위험요인에 대한 경험적 연구의 수행이 증가하고 있는 가운데, 재소자들의 심리적, 정신건강 특성을 고려하여 교정의 전 과정에서 재소자들에게 상담 서비스를 제공하여 재소자들이 시설 내에서 잘 적응하고 생활할 수 있도록 돕고, 궁극적으로는 심리적인 건강을 회복하여 건강한 시민의 일원으로 복귀할 수 있게 할 때 교정의 진정한 목적이 달성될 수 있을 것이다. 현재 교정 시설에서 실시하고 있는 정기적인 심리검사를 더욱 체계화하고 이러한 검사를 통해 도출된 자료들을 바탕으로 전문적인 상담 훈련을 받은 상담가를 교정 시설 내에 배치, 운용하거나 교정 시설 외부의 병원과 연계된 상담과 치료가 요구된다.

서비스는 서비스 그 자체가 목적이 될 수 없고, 그 서비스를 제공받는 수혜자들이 얻을 수 있는 긍정적인 결과를 위한 수단일 뿐이다. 교도소의 정신건강 서비스 또한 재소자들의 요구에 부합할 경우에만 서비스는 의미가 있을 것이다.

다중적인 문제를 가진 재소자들에게 다양한 서비스를 제공하는 것도 중요하지만, 인적, 물적 자원 측면에서 많은 제한점을 가지고 있는 우리나라 교정 시스템 상황하에서 비용을 절감하고 효율성과 효과성을 극대화하기 위해서는 이제까지 서비스 제공 방식과는 다른 차원의 접근이 필요하다. 우선 여성 재소자들의 특성과 상황을 고려하여 이들에게 가장 적합한 서비스가 무엇인지에 대한 이해와 연구가 먼저 선행되어야 할 것이며, 이러한 연구를 기초로 여성 재소자들의 욕구가 최대한 반영된 서비스를 제공하는 정책이 마련되어야 할 것이다.

여성 재소자들이 수형생활을 통해 재사회화할 준비를 하지 못한 채로 형기를 마치고 사회로 복귀한다면, 또다시 다른 범죄를 저지를 가능성에 노출되고 결과적으로 이는 지역사회 주민의 복지를 위협할 수 있으므로 이들에 대한 연구와 개입은 재소자들뿐만 아니라 지역사회와 국가적인 차원에서도 중요한 문제가 될 것이다.

앞서 제시되었지만, 본 연구는 그 대상 측면에 있어서, 3개 교도소로 한정하였고 여성 재소자들의 수도 제한을 두어 연구 결과를 우리나라 전체 여성 재소자에 일반화하는 데에는 한계가 있을 수 있고 정신건강에 미치는 요인도 제한적으로 검토하였다는 제한점이 있지만, 이러한 제한점에도 불구하고 그동안 소홀히 되어 왔던 여성 재소자에 대한 연구로서, 여성 재소자 중심의 정신건강 서비스 제공과 정책 마련을 위한 기초 자료가 되기를 바라며, 추후 여성 재소자들의 정신건강과 정신건강 서비스를 다양한 측면에서 규명하는 연구가 계속되기를 기대한다.

참고문헌

공계순(2000). 아동학대 예방을 위한 가정방문 프로그램의 개발에 관한 서설적 연구, 한국사회복지연구회, 15, 1 - 18.

곽미영(2005). 여성 살인범죄의 특성에 관한 연구, 경기대학교 석사학위 논문.

구규옥(2007). 교정시설 재소자 자살생각에 영향을 미치는 요인, 아주대학교 석사학위 논문.

김광일, 원호택, 이정호, 김광윤(1978). 간이정신진단검사(SCL - 90 - R)의 한국판 표준화 연구 I: 정상인의 반응특성, 신경정신의학, 17, 449 - 458.

김미례(2001). 기혼여성의 생활스트레스와 우울의 관계: 자아존중감과 사회적 지지의 매개효과 및 조절효과, 전남대학교 박사학위 논문.

김미희(1995). 중년여성의 강인성, 스트레스와 사회적 지지와의 관계, 조선대학교 석사학위 논문.

김성필(2001). 교정시설 청소년과 일반청소년의 정신건강 비교 연구, 경성대학교 석사학위 논문.

김아다미(2001). 아동의 학대경험이 자아존중감과 스트레스 대처방식에 미치는 영향, 이화여자대학교 석사학위 논문.

김영미(2005). 사회적 지지와 스트레스 대처방식이 노인의 주관적 안녕감에 미치는 영향, 충북대학교 석사학위 논문.

김영주(2007). 양육신념에 따른 어머니의 양육스트레스, 사회적 지지, 양육 효능감 연구. 아동교육, 16, 107 - 117.

김용석(2001) 약물남용 성인의 정신과적 증상과 관련 요인에 대한 연구, 정신보건과 사회사업, 12, 7 - 28.

김자경(2000). 교정시설 내에서의 재소자의 행동, 의식 및 적응유형과 자아방어기제간의 관계 연구, 고려대학교 석사학위 논문.

김재환, 김광일, 이해리(1985). 간이정신진단검사(SCL - 90 - R)의 해석지

침, 정신건강연구, 3, 173 – 217.

김재희(1995). 약물남용 비행청소년의 성격특성, 고려대학교 석사학위 논문.

김정희 외(2002). 심리학의 이해, 서울: 학지사.

김지욱(1995). 군 범죄 가능성 예측척도 작성을 위한 연구, 고려대학교 석사학위 논문.

감찬규(2006). 상담설교 프로그램이 재소자의 불안 감소에 미치는 영향, 성결대학교 석사학위 논문.

김태화(2006). 지역사회정신보건센터의 정신보건사회복지 서비스에 대한 개선방안, 성결대학교 석사학위 논문.

김학성(2003). 보호관찰 대상 청소년의 지역사회 적응에 영향을 미치는 요인, 전북대학교 석사학위 논문.

김현선(2007). 노인의 삶의 만족도와 사회적 지지가 우울에 미치는 영향, 강남대학교 석사학위 논문.

김혜인(2007). 아동기 정서적 학대경험과 성인기 심리적 부적응간의 관계, 아주대학교 석사학위 논문.

노재숙(1991). 고등학생들이 경험하는 스트레스수준과 정신건강과의 관계. 공주대학교 석사학위 논문.

노혜정(2003). 여성 범죄의 원인과 대책에 관한 연구, 창원대학교 석사학위 논문.

문성호(1999). 약물남용 여성의 특성 및 대안적 개입방안에 관한 연구, 중앙대학교 사회과학연구, 12, 101 – 118.

민정희(2006). 교도소 재소자의 수형생활실태, 심리적 요인 및 시설내 적응태도. 전북대학교 석사학위 논문.

박명신(2000). 약물남용자의 심리·사회적 자원과 디스트레스와의 관계, 가톨릭대학교 석사학위 논문.

박미정(2007). 사회적 지지가 결혼이민여성의 생활만족에 미치는 영향에 관한 연구, 성균관대학교 석사학위 논문.

박봉진(2000). 여성 범죄에 관한 연구, 법학논총, 24, 389 – 406.

박선기(2000). 개방교도소의 재소자들의 치료레크리에이션 프로그램과 사회적응력에 관한 연구, 단국대학교 석사학위 논문.

박성은(2003). 고등학생용 정신건강 진단검사의 요인분석, 인문과학논총, 11, 105 - 124.

박은미(2000). 아동기 학대 및 지각된 부모의 양육태도가 성인기 대인관계에 미치는 영향에 관한 연구, 연세대학교 석사학위 논문.

박지원(1985). 사회적 지지 척도 개발을 위한 일 연구, 연세대학교 박사학위 논문.

박태순(2000). 아동학대 유형과 사례, 제주제주대학교 학생생활연구소 학생생활연구, 21(1).

배경진(2006). 사회적 지지가 가정폭력 피해여성의 대처방식에 미치는 영향, 부산대학교 석사학위 논문.

변수정(2005). 남편살해 여성이 경험한 아내학대 분석, 충북대학교 석사학위 논문.

보건복지가족부(2006). 전국아동학대현황 보고서.

보건복지가족부(2008). 아동복지법.

서동우, 이영문(1999). 전국정신보건시설의 정신건강프로그램 및 재원환자 정신건강 실태조사, 한국보건사회연구원.

서정욱(1999). MMPI에 나타난 약물남용 비행청소년의 심리적 특성 연구, 건국대학교 석사학위 논문.

성용은(2005). 가정요인과 비행에 관한 연구, 대학원연구논집, 35, 627 - 653.

손에스더(2002). 여성노인학대경험이 정신건강에 미치는 영향에 관한 연구, 연세대학교 석사학위 논문.

신연희(2002). 기혼 여자재소자에 관한 연구: 자녀관계를 중심으로, 이화여자대학교 박사학위 논문.

신영화(2000). 여성 재소자의 인권, 숙명여자대학교 석사학위 논문.

신정인(1997). 교도소 재소자들의 성격특성에 관한 연구. 대구대학교 석사학위 논문.

엄정순(2003). 출소자 사회복귀지원 방안에 관한 연구, 경기대학교 석사학위 논문.

오승환(1990). 도시빈민의 사회적 관계망에 관한 연구, 서울대학교 석사학위 논문.

오원정(1999). 친구관계의 질 및 친구 관계망과 아동이 자아지각의 관계, 연세대학교 석사학위 논문.

오혜정(2004). 아동기 학대경험과 부부폭력노출경험이 성장 후 문제음주에 미치는 영향, 연세대학교 석사학위 논문.

유수진(2003). 아동기 성 학대가 여대생들의 정신건강에 미치는 영향에 관한 연구, 이화여자대학교 석사학위 논문.

이만종(2005). 범죄양상 변화에 따른 피해 경감방안, 한국피해자학회, 13(1), 101 - 128.

이만종(2006). 한국의 여성 범죄 증가원인 분석 및 대책, 한국교정학회, 32, 31 - 53.

이병환(2006). 사회적 지지가 생활시설 장애인의 삶의 질에 미치는 영향, 나사렛대 재활복지대학원 석사학위 논문.

이봉원(1998). 정신장애인을 위한 지역사회 정신보건사업과 사회복지관의 참여, 동광 95, 32 - 73.

이선윤(2005). 북한이탈청소년의 정신건강에 영향을 미치는 요인에 관한 연구, 총신대학교 석사학위 논문.

이수정(2006). 가정폭력에 기인하여 배우자를 살해한 여성 재소자의 심리특성에 관한 연구. 한국심리학회지, 20, 35 - 55.

이수정, 이윤호, 서진환(2000). MMPI 점수로 본 교도소 재소자들이 정신건강문제 실태 연구, 한국심리학회지, 19, 43 - 63.

이영란(2003). 여성 범죄인의 수형생활 적응 과정, 전북대학교 석사학위 논문.

이영주(2007). 가정폭력 피해여성의 정신건강과 사회적응에 관한 연구, 한영신학대학교 박사학위 논문.

이유경(2006). 여대생의 아동기 외상경험이 심리적 증상과 대인 관계문제에 미치는 영향, 이화여자대학교 석사학위 논문.

이은상(2003). 정서표현갈등, 사회적 지지지각, 대처방식, 그리고 우울 및 불안과의 관계, 가톨릭대학교 석사학위 논문.

이인혜(1991). 범죄행동과 성격특성의 연결: 정신병적 경향성, 외향성, 충동성 그리고 감각추구성향을 중심으로. 한국심리학회지, 10, 126 - 136.

이인희(2006). 수용자의 재범과 규율위반을 예측하는 위험요인에 대한 효과성 검증: 5년 추적 연구, 경기대학교 석사학위 논문.

이일노(2008). 수형자의 교육교육에 관한 연구, 경성대학교 석사학위 논문.

이재창(1996). 인간성 회복을 위한 상담 전문가의 역할, 대학상담연구, 7, 1 – 19.

이지연(2006). 사회적 지원이 개인 안녕과 이타성에 미치는 영향, 한국 심리학회지, 20, 55 – 75.

이평숙, 한금선(2001). 만성 정신 질환자의 사회 적응에 영향을 미치는 요인 분석, 대한간호학회지, 31, 340 – 250.

이철호(2005). 교도소 재소자의 정신건강 및 분노조절프로그램의 효과: 자아존중감, 상태특성분노, 강인성을 중심으로. 경상대학교 석사학위 논문.

이현희, 전영실(2005). 여성 범죄 추이 및 관련요인 분석, 교정연구, 25, 57 – 80.

장수진(2000). 약물남용 재소자 청소년의 성격적 특성에 관한 교찰, 서울여자대학교 석사학위 논문.

장영태(2001). 치매노인과 부양가족의 서비스 욕구에 관한 연구, 건국대학교 석사학위 논문.

장중식(2004). 여성 범죄의 원인과 대책, 교정연구, 25, 133 – 160.

전겸구, 한덕웅, 이장호, Spielberger(1997). 한국판 STAXI 척도 개발: 분노와 혈압. 한국건강심리학회지, 2, 60 – 78.

정원철(2004). 재가정신분열병 환자의 인구사회적 특성에 따른 서비스 욕구에 관한 연구, 사회과학연구, 7, 51 – 77.

장진숙(2007). 남녀 대학생 성피해 경험과 성인지 및 정신건강과의 관계, 서울여자대학교 석사학위 논문.

정솔이(2005). 아동기에 정서학대를 경험한 자녀의 분노에 대한 고찰, 총신대학교 석사학위 논문.

정유희, 안창일(2004). 성별, 재범여부, 범죄유형에 따른 재소자의 NEO – PI – R 반응, 한국심리학회지, 23, 725 – 740.

정필자(2004). 정신장애범죄자의 치료감호제도에 관한 연구, 공주대학교 석사학위 논문.

조은경(2005). 교정심리학의 필요성, 교정연구, 27, 13 - 25.

최연경(2006). 사회적 지지가 가정폭력피해여성의 임파워먼트에 미치는 영향, 서울시립대학교 석사학위 논문.

최창호(2006). 인본주의적 교정복지의 방법과 전략(노인수형자 실태를 중심으로), 한양대학교 석사학위 논문.

최희정(1997). 배우자와의 사별로 인한 스트레스 및 사회적 지지가 우울감에 미치는 영향, 이화여자대학교 석사학위 논문.

한경화(2006). 여성 범죄의 사회정책적 함의, 고려대학교 석사학위 논문.

한치호, 최재호, 소용선, 박순환(1995). MMPI 소척도의 판별분석을 이용한 범죄자 연구, 신경정신의학, 128, 1381 - 1388.

현송아(2004). 아동학대가 아동의 공격성에 미치는 영향, 동아대학교 석사학위 논문.

현정혜(2006). 대학생의 아동학대경험이 데이트 폭력에 미치는 영향, 동국대학교 석사학위 논문.

홍선미(1996). 클라이언트와 사례관리자간 서비스 욕구 사정의 일치도가 프로그램의 효과에 미치는 영향. 사회복지연구, 8, 167 - 185.

홍영순(2005). 여성장애인의 정신건강수준에 관한연구: 경북지역의 지체장애인을 중심으로, 대구대학교 석사학위 논문.

홍영화(2005). 한국 여성 범죄에 관한 연구, 동국대학교 석사학위 논문.

Arboleda - Florez, J. E., Love E. J., Fick G., O'Brien K., Hashman K., & Aderibigbe Y.(1995). An epidemiological study of mental illness in a remanded population, *International Medical Journal*, 2, 113 - 126.

Baillargeon, J., Black, S. A., Pulvino, J. & Dunn, K.(2000). The Disease Propile of Texas Prison Inmates. *Annals of Epidemiology*. 10, 74 - 80.

Boyle & Vivian(1996). Generalized versus spouse - specific anger/hostility and men's violence against intimates. *Violence and Victims*, 11, 293 - 317.

Bozikas V. P., Andreou C., Giannakou M.. Tonia T., Anezoulaki D., Karavatos A., Fokas K., & Kosmidis M. H.(2005). Deficits in sustained attention in schizophrenia but not in bipolar disorder, Schizophrenia Research, 78, 225 – 233.

Briere J., & Runtz M.(1988). Multivariate correlates of childhood psychological and physical maltreatment among university women, *Child Abuse & Neglect: The International Journal*, 12, 3310341.

Briere J., & Runtz M.(1990). Differential adult symptomatology associated with three types of child abuse histories, *Child Abuse and Neglect*, 14, 357 – 364.

Browne A. & Finkelher D.(1986). The Impact of Child Sexual Abuse: A Review of Research, *Psychological Bulletin*, 99, 66 – 77.

Canada. Rodriguez, C. M., & Green, A. J.(1997). Parenting stress and anger expression as predictors of child abuse potential. *Child Abuse and Neglect*, 21, 367 – 377.

Cobb. S.(1976). Social Support as a Moderator of Life Stress. *Psychosomatic Medicine*, 38, 300 – 314.

Corrigan, E. M.(1987). Women's combined use of alcohol and other mind – altering drugs, *The woman client*, 162 – 176, New – York: Tavistock.

Cynthia G. C., Jean B. M., Jacqueline P. F. & Besty M.(1997). The Experiences of Women in Prison: Implications for Services and Prevention, *Women & Therapy*, 20, 11 – 28.

Danesh, J. & Fazel, S.(2002). Serious mental disorder in 23000 prisoners, *Lancet;* 359, 545 – 550.

Dean A. & Lin N.(1977). The stress – buffering role of social support, *Journal of Nervous and Mental Disease*, 165, 403 – 417.

Derogatis L. R.(1994). SCL – 90 – R Administration, Scoring and Procedures Manual, Minneapolis, MN: National Computer System. Inc.

Doshan, T. & Bursch C.(1982). Women and substance abuse: Critical issues in treatment design, *Journal of Drug Education*, 12, 229 – 239.

Dressler W.(1989). Extended Family Relationships, Social Support, and Mental Health in a Southern Black Community, *Journal of Health and Social Behavior,* 26, 39 – 48.

Elizabath C. P., Risa K. & Eileen A.(1998) Meeting the Mental Health Needs of Incarcerated Women, Health & Social Work, 23, 71 – 75.

Eric Fromm(2002). The Humanist Concept of Mental Health, *Fromm Forum;* 6, 3 – 7.

Finkelher D.(1988). The trauma of child sexual abuse: Two models, In G. E. Wyatt, and G. J. Powell(Eds), *Lasting effects of child sexual abuse,* CA: Sage.

Gold E. R.(1986) Long term effects of sexual victimization in childhood: An attributional approach, *Journal of Consulting and Clinical Psychology,* 54, 471 – 475.

Harter S., Alexander P. C., & Neimenyer R. A.(1988). Long term effects of incestuous child in college women: Social adjustment, social cognition, and family characterictics, *Journal of Counseling and Clinical Psychology,* 56, 5 – 8.

Hart S. D. & Hemphill, J.(1989). *Prevalaence of and service utilization by mentally disorderd offenders at the Vancouver Pretrial Services Centre,* Report submitted to the British Columbia Corrections Service.

Henry J. Steadman & Bonita M. Versey(1997) Providing Services for Jail Inmates With Mental Disorders *National Institute of Justice.*

Hodgins, S.(1995). Major mental disorder and crime: An overview. *Psychology, Crime, and Law,* 2, 5 – 17.

Holley, H. L., Arboleda – Florez J., & Love E. J.(1995). Lifetime prevalance of prior suicide attempts in a remanded population and relationship to current mental illness, *International Journal of Offender Therapy & Comparative Criminology,* 39, 191 – 209.

House J. S.(1981). Work Stress Social Support, Massachusetts: Addison – Wesley, p27.

Ingram − Fogel. C.(1991). Health problems and needs of incarcerated women, *Journal of Prison & Jail Health*, 10, 43 − 57.

Jill Guthrie, Tony Butler & Anne Seften(2003) Measuring health services satisfaction: female inmates, *International Journal of Health Care Quality Assurance*, 16, 173 − 179.

Kahn R. L. Antonucci T. C.(1980). Convoys over the life Course: attachment, roles and social support, In Baltes PB · Brim O(ed) Life span development and behavior. Boston: Lexington press.

Kane − Cavaiola, C. & Rullo − Cooney, D.(1991). Addicted women Their families'effect on treatment outcome, Journal of Chemical Dependency Treatment, 4, 111 − 119.

Kempe R. S. & Kempe C. H.(1962). Child Abuse, MA: Harvard University Press.

Kolko, D. J.(1996). Clinical monitoring of treatment course in child physical abuse: Psychometric characteractics and treatment comparisons. *Child Abuse and Neglect*, 20, 23 − 43.

Lazarus, R. S.(1991). *Emotion and adaptation.* New York: Oxford University Press.

Link, B. & Steuve, A.(1995). Evidence bearing on mental illness as a possible cause of violent behavior. Epidemiology Reviews, 17, 172 − 181.

Maccoby E. E., & Jacklin C. N.(1980). Sex differences in aggressionl A rejoinder and reprise, *Child Development*, 51, 964 − 980.

Micael J. Sheridan(1996). Comparison of the life experiences and personal functioning of men and women in prison. *Families in Society*, 77, 423 − 434.

Miller B., Downs W., Gondoli D. & Keil A.(1987). The role of sexual abuse in the development of alcoholism in women, *Violence and Victims*, 2, 157 − 172.

Motiuk, L. L. & Porporino, F. J.(1991) The prevalence nature and severity of mental health problems among federal male inmates in canadian penitentiaries, *Research and Statistics Branch Correctional Services.*

Novaco, R. W.(1976). The Functions and Regulation of Arousal of Anger, *American Journal of Psychiatry,* 133, 1124 − 1127.

Parke R. D., & Slaby R. G.(1983). The development of aggression, In E. M. Hetherington & P. H. Mussen (Vol.Eds), *Handbook of child psychology; Socializaton, personality and social development,* 4, 547 − 641.

Peter S. D.(1988). Child sexual abuse and later psychological problems, In G. E. Wyatt & G. J. Powell(Eds), *Lasting effects of child sexual abuse,* 101 − 117, Newbury Park, CA: Sage.

Rafter, N. H.(1992). Eugenics, Class, and the Professionalization of Social Control. *CRIME AND SOCIETY,* 4, 215 − 226.

Reed, B. G.(1985). Drug misuse and dependency in women The meaning and implications of being considered a special population or minority group, *International Journal of the Additions,* 20, 13 − 62.

Robert D. Morgan, Jarrod Steffan, Lucas B, Show & Scott Wilson(2007) Needs of and Barriers to Correctional Mental Health Services; Inmate Perception. *Psychiatric Services;* 58, 1181 − 1186.

Rohsenow D., Corbett R. & Devine D.(1988). Molested as children The hidden contribution to alcohol and substance abuse, *Journal of Substance Abuse Treatment,* 5, 13 − 18.

Root, M. P.(1989). Treatment failures The role of sexual victimization in women's addictive behavior, *American Juornal of Orthopsychiatry,* 59, 542 − 549.

Spertus I. L., Yehuda R., Wong C. M., Halligan S., & Seremetis S. V.(2003). Childhood emotioanal abuse and neglect as predictors of psychological symptoms in womem presenting to primary care practice, *Child Abuse and Neglect,* 27, 1247 − 1258.

Spielberger, C. D., Jacobs, G. A. Russell, S ,& Crane, R. S.(1983). Assessment of anger: The State − Trait Anger. In M. P.

Janisse(Ed.), *Individual difference, stress, and health psychology.* New York: Springer Verlag, 89 – 108.

Spielberger, C. D., Russell, S., Crane, R. S. Jacobs, G. A. & Worden(1985). The experience and expression of anger: Construction and valifation of an anger expression scale. In M. A. Chesney, & R. H. Rosenman(Eds.). *Anger and hostility in cardiovascular and behavioral disorder.* Washington, D. C.: Hemisphere Publishing, 5 – 30.

Steadman, H. J., D. W. McCarty & J. P. Morrissey(1989), *The Mentally Ill in Jail: Planning for Essential Services,* New York: Guilford Press.

Steadman H. J., Holihean E. J., & Dvoskin J.(1991). Estimating mental health needs and service utilization among prison inmates. Bulletin of the American Academy of Psychiatry and Law, 19, 297 – 307.

Steadman H. J., & Versey B. M.(1997). Mental health services in United States jails: A survey of innovative practices, *Criminal Justice & Behavior,* 24, 3 – 19.

Stein L. I. & Test M. A.(1988). *The Training in Community Model A Decade of Experiences.*

Telin L. A.(1990). The revalence of mental disorder among urban jail detainees: Comparison with the epidemiologic catchment area program, *Journal of Public Health,* 80, 663 – 669.

Telin L. A.(1994) Psychiatric and Substance Abuse Disorder Among Male Urban Jail Detainees, *American Journal of Public Health,* 84, 290 – 293.

Teplin L. A., Abram K. M., & McClelland G. M.(1996). Prevalence pf Psychiatric disorders among incarcerated women: Pretrial jail detainees, *Archives of General Psychiatry,* 53, 505 – 512.

Test, N.(1990). Effective Community Treatment of The Chronically Mentally Ⅲ: What is Necessary? *Journal of Social Issue,* 32. pp.71 – 86.

Veysey B. M., Steadman, H. J., Morrissey J. P., & Johnsen M.(1997). In search of the missing linkages: Continuity of care in U, S. jails, *Behavioral Sciences and Law*, 5, 383 – 397.

Veysey B. M.(1998), Specific needs of women diagnosed with mental illness in US jails(Eds), *Women's mental health services:* A public health perspective, 368 – 389. Thousand Oaks CA: SAGE.

Wethington E. & Kessler R.(1986). Perceived support, received suppot, and adjustment to stressful life events, *Journal of Health and Social Behavior*, 27, 78 – 89.

Whiting B. B., & Whiting J. W. M.(1975) Children of sex culture: *A Psychocultural analysis*. Cambridge: Harvard University press.

Wind T. W. & Silvern L.(1992). Type and extent child abuse as predictors of adult functioning, *Journal of Family Vilence*, 7, 261 – 281.

Yehuda R., Halligan S. L., & Grossman R.(2001) Child trauma and risk for PTSD: relationship to intergeneration effects of trauma, parental PTSD and cortisol excretion, *Development and Psychopathology*, 27, 733 – 753.

http://blog.daum.net/oralcare/9214011

http://blog.naver.com/daddylion?Redirect = Log&logNo = 140020688626

http://blog.naver.com/happyyoulmoo?Redirect = Log&logNo = 50023832146

http://blog.naver.com/vjinho?Redirect = Log&logNo = 30003275803

http://cafe.naver.com/superman23.cafe?iframe_url = /ArticleRead.nhn%3Farticleid = 13

http://healthymind21.com/tt/board/ttboard.cgi?db = dataroom

http://kin.naver.com/detail/detail.php?d1id = 8&dir_id = 802&eid = YHv3 + XexMDS2rS

http://kr.blog.yahoo.com/otaya19741220/1145

http://news.mk.co.kr/outside/view.php?year = 2007&no = 583760

http://news.khan.co.kr/section/khan_art_view.html?mode = view&artid = 200802281007105&code = 900303 http://shareplaza.com/technote/read.cgi?board = won&y_number = 91

http://www.heraldbiz.com/SITE/data/html_dir/2007/05/31/200705310021.asp

http://www.kihasa.re.kr

http://www.segye.com/Articles/NEWS/SOCIETY/Article.asp?aid = 20080504001249&subctg1 = &subctg2 =

부 록

부록 1. 여성 재소자의 일반적 특성

(1) 여성 재소자의 인구사회학적 특성

구 분		빈도	(%)
연령	20대	29	(10.7)
	30대	85	(31.5)
	40대	84	(31.1)
	50대	55	(20.4)
	60대 이상	13	(4.9)
	무응답	4	(1.5)
		270	(100%)
학력	초등 이하	19	(7.0)
	중졸 이하	34	(12.6)
	고졸 이하	120	(44.4)
	대재 · 전문대졸	50	(18.5)
	대졸	37	(13.7)
	대학원 이상	10	(3.8)
		270	(100%)
결혼상태	미혼	47	(17.4)
	기혼	115	(42.6)
	재혼	8	(3.0)
	이혼	55	(20.4)
	동거	5	(1.9)
	별거	7	(2.6)
	사별	30	(11.1)
	기타	3	(1.1)
		270	(100%)

Note 빈도순위

* 연   령: ① 30대   ② 40대   ③ 50대
* 학   력: ① 고졸 이하   ② 대재 · 전문대졸   ③ 대졸
* 결혼 상태: ① 기혼   ② 이혼   ③ 미혼

(2) 여성 재소자의 종교 관련 변인 특성

구　분		빈도 (%)	
종교	기독교	132	(48.9)
	불교	77	(28.5)
	천주교	41	(15.2)
	기타	9	(3.3)
	무교	11	(4.1)
		270	(100%)
종교 모임 참석 횟수	일주일에 두 번 이상	23	(8.5)
	일주일에 한 번	169	(62.5)
	2~3주에 한 번	16	(5.9)
	1개월에 한 번	16	(5.9)
	2~3개월에 한 번	6	(2.2)
	1년에 한두 번	4	(1.4)
	그보다 더 드물게	13	(4.8)
	무교	11	(4.1)
	무응답	12	(4.4)
		270	(100%)
종교가 삶에 미치는 영향	매우 많은 영향을 미친다.	82	(30.4)
	꽤 영향을 미친다.	51	(18.9)
	보통이다.	71	(26.3)
	조금 영향을 미친다.	31	(11.5)
	전혀 영향을 미치지 않는다.	25	(9.2)
	무교	10	(3.7)
		270	(100%)

Note 빈도순위

* 종　　교: 　　① 기독교　　② 불교　　③ 천주교

* 종교 모임 참석 횟수: 　① 일주일에 한 번　② 일주일에 두 번 이상　③ 2~3주에 한 번 1개월에 한 번

* 종교가 삶에 미치는 영향: ① 매우 많은 영향을 미친다.　② 보통이다.　③ 꽤 영향을 미친다.

(3) 여성 재소자의 가족 관련 변인 특성

구 분		빈도	(%)
자녀수	자녀 없음(기혼)	20	(7.4)
	1명	64	(23.7)
	2명	93	(34.4)
	3명	24	(8.9)
	4명 이상	12	(3.7)
	자녀 없음(미혼)	46	(17.0)
	무응답	11	(4.1)
		270	(100%)
자녀 돌봄 잘 받고 있는지 여부	예	160	(59.3)
	아니오	35	(12.9)
	모르겠다	11	(4.1)
	자녀 없음	64	(23.7)
		270	(100%)
자녀 돌봄자 (복수응답 가능)	아버지	89	(33.0)
	친조부모	38	(14.1)
	외조부모	33	(12.2)
	친척	35	(13.0)
	기타(자립 등)	18	(6.8)
	무응답	13	(4.8)
		226	(100%)
가정의 월수입	50만 원 미만	12	(4.4)
	50만~100만 원 미만	24	(8.9)
	100만~150만 원 미만	24	(8.9)
	150만~200만 원 미만	32	(11.9)
	200만~250만 원 미만	26	(9.6)
	250만~300만 원 미만	34	(12.6)
	300만~400만 원 미만	42	(15.6)
	400만 원 이상	57	(21.1)
	무응답	19	(7.0)
		270	(100%)
주양육자	친부모	209	(77.4)
	양부모	22	(8.1)
	편부모	18	(6.7)
	조부모	9	(3.3)
	계부모	3	(1.1)
	기타	9	(3.3)
		270	(100%)

Note 빈도순위

* 자녀수: ① 2명   ② 1명   ③ 3명

* 자녀 돌봄
  상태 양호: ① 예   ② 아니오   ③ 모르겠다

* 자녀 돌보자: ① 아버지   ② 친조부모   ③ 친척

* 가정 월수입: ① 400만 원 이상 ② 300만~400만 원 미만 ③ 250만~300만 원 미만

* 주 양육자: ① 친부모   ② 양부모   ③ 편부모

(4) 여성 재소자의 직업 관련 변인 특성

구 분		빈도	(%)
직업	주 부	65	(24.1)
	판매 및 생산직, 서비스직	119	(44.1)
	사무직	30	(11.1)
	기술직	14	(5.2)
	관리직	7	(2.6)
	전문직	7	(2.6)
	기타	19	(7.0)
	무직	9	(3.3)
		270	(100%)
직업 활동 당시 월수입	50만 원 미만	7	(2.6)
	50만~100만 원 미만	19	(7.0)
	100만~150만 원 미만	45	(16.7)
	150만~200만 원 미만	26	(9.6)
	200만~250만 원 미만	26	(9.6)
	250만~300만 원 미만	21	(7.8)
	300만 원 이상	80	(29.6)
	무직	46	(17.0)
		270	(100%)

Note 빈도순위

270명 중 260명(96.3%)이 교도소 입소 전 직업 있었음.

* 직   업: ① 판매 및 생산직 ② 주부   ③ 사무직
                 서비스직

* 직업 활동   ① 300만 원 이상 ② 100만~150만 원 미만 ③ 150만~200만 원 미만
  당시 월수입: 200만~250만 원 미만

(5) 여성 재소자의 약물 관련 변인 특성

구 분		빈도	(%)
약물 사용 경험	있다	57	(22.4)
	없다	197	(77.6)
	무응답	16	(5.9)
		270	(100%)
사용 약물 종류 (복수응답 가능)	아편	3	(1.1)
	모르핀	0	(0.0)
	헤로인	1	(0.4)
	코카인	1	(0.4)
	메타돈	0	(0.0)
	염산페치딘	1	(0.4)
	술	24	(8.9)
	담배	21	(7.8)
	메타암페타민	3	(1.1)
	LSD	1	(0.4)
	대마	5	(1.9)
	필로폰(히로뽕)	4	(1.5)
	각성제	0	(0.0)
	본드	2	(0.7)
	가스	0	(0.0)
	니스	0	(0.0)
	신나	0	(0.0)
	밴젠	0	(0.0)
	진통제	20	(7.4)
	신경안정제	13	(4.8)
	수면제	9	(3.3)
	러미나(루비킹)	1	(0.4)
	에스정	0	(0.0)

구 분		빈도	(%)
	기타	9	(3.3)
	무응답	16	(5.9)
		57	(100%)
약물 사용 기간	1년 미만	11	(19.3)
	1~2년 미만	7	(12.3)
	2~3년 미만	13	(22.8)
	3~5년 미만	10	(17.6)
	5~10년 미만	6	(12.5)
	10년 이상	10	(3.3)
		57	(100%)
약물 사용 동기	신체적 피로감을 줄이기 위해	3	(1.1)
	체중감소를 위해	2	(0.7)
	정신적 고통을 줄이기 위해	20	(7.4)
	주위 사람들의 권유로	6	(2.2)
	기타	20	(7.4)
	무응답	6	(7.0)
		57	(100%)

Note 빈도순위

* 약물 사용 경험:　① '없다' 197명(77.6%)　　② '있다' 57명(22.4%)

* 약물 종류:　① 술　　② 담배　　③ 진통제

* 약물 사용 기간:　① 2~3년 미만　② 1년 미만　③ 3~5년 미만

* 약물 시작 동기:　① 정신적 고통을 줄이기 위해　② 주위 사람들의 권유
　　　　　　　　　기타

(6) 여성 재소자의 범죄 관련 변인 특성

구 분		빈도 (%)	
범죄명	재산범죄	120	(44.4)
	강력범죄	103	(38.1)
	기타형법범죄(약물, 위조범, 풍속범 등)	18	(6.7)
	특별법범죄	24	(8.9)
	무응답	5	(1.9)
		270	(100%)
누진 급수	1급	20	(7.4)
	2급	71	(26.3)
	3급	72	(26.7)
	4급	94	(34.8)
	급외자	11	(4.1)
	무응답	2	(0.7)
		270	(100%)
수형 기간	1년 미만	29	(10.7)
	1~3년 미만	88	(32.6)
	3~5년 미만	49	(18.1)
	5~7년 미만	29	(10.7)
	7~10년 미만	21	(7.8)
	10년 이상	33	(12.2)
	무기	18	(6.7)
	무응답	3	(1.1)
		270	(100%)
잔여 형기	3개월 미만	34	(12.6)
	6개월 미만	39	(14.4)
	1년 미만	46	(17.0)
	1~3년 미만	74	(27.4)
	3~5년 미만	38	(14.1)
	5~10년 미만	22	(8.1)
	10년 이상	13	(4.8)
	무응답	4	(1.5)
		270	(100%)
전과 기록	초범	209	(77.4)
	2회	25	(9.3)
	3회	15	(5.6)
	4회	5	(1.9)
	5회 이상	16	(6.0)
		270	(100%)

Note 빈도순위

* 범 죄 명 :   ① 재산범죄   ② 강력범죄   ③ 특별법범죄
* 누진 급수: ① 4급   ② 3급   ③ 3급
* 수형 기간: ① 1~3년 미만 ② 3~5년 미만 ③ 10년 이상
* 잔여 형기: ① 1~3년 미만 ② 1년 미만   ③ 6개월 미만
* 전   과: ① 초범   ② 2회   ③ 5회 이상

(7) 여성 재소자의 접견·서신 관련 변인 특성

구 분		빈도	(%)
월평균 접견 횟수	1번	60	(22.2)
	2	52	(19.3)
	3회	45	(16.7)
	4회	62	(23.0)
	5회	17	(6.3)
	5회 이상	7	(2.6)
	없음	26	(9.6)
	무응답	1	(0.4)
		270	(100%)
접견 횟수에 대한 인식	매우 적다고 생각한다.	28	(10.4)
	적다고 생각한다.	37	(13.7)
	보통이라고 생각한다.	145	(53.7)
	자주 온다고 생각한다.	48	(17.8)
	매우 자주 온다고 생각한다.	12	(4.4)
		270	(100%)
접견 횟수에 대한 만족도	매우 불만이다.	18	(6.7)
	대체로 불만이다.	9	(3.4)
	보통이다.	97	(35.9)
	대체로 만족한다.	101	(37.4)
	매우 만족한다.	45	(16.7)
		270	(100%)
월평균 서신 횟수	1~5통	74	(27.4)
	6~10통	60	(22.2)
	11~15통	34	(12.6)
	16~20통	27	(10.0)
	21~25통	19	(7.0)
	25통 이상	42	(15.6)
	없다	14	(5.2)
		270	(100%)

구 분		빈도 (%)	
서신 횟수에 대한 인식	매우 적다고 생각한다.	15	(5.6)
	적다고 생각한다.	26	(9.6)
	보통이라고 생각한다.	153	(56.7)
	자주 온다고 생각한다.	58	(21.5)
	매우 자주 온다고 생각한다.	18	(6.6)
		270	(100%)
서신 횟수에 대한 만족도	매우 불만이다.	11	(4.1)
	대체로 불만이다.	9	(3.3)
	보통이다.	119	(44.1)
	대체로 만족한다.	95	(35.2)
	매우 만족한다.	36	(13.3)
		270	(100%)
접견 중요도	전혀 중요하지 않다.	4	(1.5)
	중요하지 않다.	6	(2.2)
	보통이다.	48	(17.8)
	중요하다.	116	(43.0)
	매우 중요하다.	96	(35.6)
		270	(100%)
서신 중요도	전혀 중요하지 않다.	5	(1.9)
	중요하지 않다.	9	(3.3)
	보통이다.	55	(20.4)
	중요하다.	116	(43.0)
	매우 중요하다.	85	(31.5)
		270	(100%)
접견, 서신의 정서적 위로 효과 여부	전혀 아니다.	6	(2.2)
	대체로 아니다.	5	(1.9)
	보통이다.	38	(14.1)
	대체로 그렇다.	95	(35.2)
	매우 그렇다.	126	(46.7)
		270	(100%)

Note 빈도순위

* 월평균
  접견 횟수: ① 4회   ② 1회   ③ 2회

* 접견 횟수에 대한 인식: ① 보통이다.   ② 자주 온다고 생   ③ 적다고 생각한다.
                                               각한다.

* 접견 횟수에 대한 만   ① 대체로 만족
  족도: 한다.   ② 보통이다.   ③ 매우 만족한다.

* 월평균 서신 횟수: ① 1~5통   ② 6~10통   ③ 25통 이상

* 서신 횟수에 대한 인식: ① 보통이라고 생   ② 자주 온다고 생   ③ 매우 자주 온다
                           각한다.   각한다.   고 생각한다.

* 서신 횟수에 대한 만
  족도: ① 보통이다.   ② 대체로 만족한다.   ③ 매우 만족한다.

* 접견·서신 중요도: ① 중요하다.   ② 매우 중요하다.   ③ 보통이다.

* 접견과 서신 정서적
  위로 효과 여부: ① 매우 그렇다.   ② 대체로 그렇다.   ③ 보통이다.

부록 2. 여성 재소자의 학대경험 문항별 빈도분석 결과

(1) 신체적 · 정서적 학대 및 방임 경험

(n = 270)

구 분		전 혀 없 다	1 년에 1~2번	한 달 에 1~2번	1주 일에 1~2번
신체적 학 대	1. 주위의 물건을 나에게 집어 던졌다.	241(89.3)	19(7.0)	2(0.7)	8(3.0)
	2. 나를 떠밀거나 움켜잡았다.	243(90.0)	16(5.9)	6(2.2)	5(1.9)
	3. 손으로 빰을 때렸다.	254(94.1)	6(2.2)	5(1.9)	5(1.9)
	4. 주먹으로 치거나 발로 차거나 꼬집었다.	245(90.7)	16(16.9)	4(1.5)	5(1.9)
	5. 회초리, 빗자루로 때렸다.	174(64.4)	81(30.0)	7(2.6)	8(3.0)
	6. 온몸을 마구 두들겨 팼다.	251(93.0)	10(3.7)	2(0.7)	7(2.6)
	7. 방, 창고 등에 갇혔다.	260(96.3)	6(2.2)	1(0.4)	3(1.1)
정서적 학 대	8. 못된 것, 병신 같은 것, 멍청한 것, 후레자식, 개만도 못한 것 등의 욕을 먹었다.	238(88.1)	21(7.8)	3(1.1)	8(3.0)
	9. 너 같은 것은 죽어도 싸다. 너만 없으면 살겠다는 말을 들었다.	253(93.7)	8(3.0)	3(1.1)	6(2.2)
	10. 때려 죽여 버리겠다는 말을 들었다.	251(93.0)	10(3.7)	3(1.1)	6(2.2)
	11. 학교 그만두고 집안일이나 해라. 돈이나 벌어 오라는 말을 들었다.	256(94.8)	5(1.9)	2(0.7)	7(2.6)
	12. "이 웬수(원수)야"라는 소리를 들었다.	236(87.4)	25(9.3)	2(0.7)	7(2.6)
	13. 꼴도 보기 싫다는 말을 들었다.	239(88.5)	22(8.1)	2(0.7)	7(2.6)
	14. "엄마(아빠)가 도망가 버릴 거야"라는 말을 들었다.	255(94.4)	11(4.1)	1(0.4)	3(1.1)
	15. 너보다 못난 애는 하나도 없다는 말을 들었다.	256(94.8)	7(2.6)	0	7(2.6)
	16. 너는 내 자식이 아니니 엄마(아빠)라고 하지도 마라는 말을 들었다.	255(94.4)	8(3.0)	2(0.7)	5(1.9)
방임	17. 내가 상처가 생기거나 아파도 신경을 쓰지 않았다.	249(92.2)	12(4.4)	6(2.2)	3(1.1)
	18. 내가 입고 다니는 옷이 더럽거나 떨어졌어도 신경을 쓰지 않았다.	256(94.8)	8(3.0)	2(0.7)	4(1.5)
	19. 단추가 떨어졌거나 지퍼가 고장 나도 잘 고쳐 주지 않았다.	254(94.1)	10(3.7)	3(1.1)	3(1.1)
	20. 먹고 싶은데도 아침식사를 챙겨 주지 않아서 굶고 학교에 갈 때가 있었다.	254(94.1)	7(2.6)	2(0.7)	7(2.6)

구 분		전 혀 없 다	1 년에 1~2번	한 달 에 1~2번	1주 일에 1~2번
방임	21. 준비물을 준비해 주지 않거나 준비물 살 돈을 주지 않을 때가 있었다.	223(82.6)	31(11.5)	7(2.6)	9(3.3)
	22. 내가 학교에 가거나 말거나 신경을 쓰지 않았다.	253(93.7)	7(2.6)	5(1.9)	5(1.9)
	23. 내가 공부를 잘했는지 못했는지 관심을 두지 않았다.	250(92.6)	11(4.1)	4(1.5)	5(1.9)
	24. 내가 어떤 친구와 사귀든 관심을 두지 않았다.	245(90.7)	13(4.8)	4(1.5)	8(3.0)
	25. 내가 마음대로 늦게 귀가해도 신경 쓰지 않았다.	247(91.5)	11(4.1)	6(2.2)	6(2.2)
	26. 학교에 내야 하는 돈을 제때에 챙겨 주 지 않았다.	229(84.8)	26(9.6)	6(2.2)	9(3.3)

(2) 18세 이전 성 학대 경험

(n=270)

내 용	없 다	1회	2회	3~5회	6~10회	11회 이상
1. 음란한 말(혹은 행동)로 나를 희롱했다.	254(94.1)	8(3.0)	2(0.7)	3(1.1)	0	3(1.1)
2. 고의로 신체 일부 접촉을 했다. (손, 머리, 어깨, 허리, 다리, 엉덩이 등)	251(93.0)	7(2.6)	6(2.2)	1(0.4)	1(0.4)	4(1.5)
3. 나에게 강제로 키스를 하거나 애무를 했다.	258(95.6)	5(1.9)	2(0.7)	2(0.7)	1(0.4)	2(0.7)
4. 나에게 자신의 성기를 보여 주었다.	260(96.3)	6(2.2)	1(0.4)	3(1.1)	0	0
5. 내 옷을 벗기거나 나의 벗은 몸을 바라보았다.	261(96.7)	4(1.5)	2(0.7)	1(0.4)	0	2(0.7)
6. 나에게 상대의 몸이나 성기를 만지게 했다.	262(97.0)	4(1.5)	2(0.7)	0	1(0.4)	1(0.4)
7. 내 옷을 벗겨 가슴이나 성기를 만졌다.	260(96.3)	4(1.5)	3(1.1)	0	1(0.4)	2(0.7)
8. 내 앞에서 상대가 자위행위를 했다.	264(97.8)	3(1.1)	2(0.7)	1(0.4)	0	0
9. 나에게 구강성교를 요구하거나 구강성교를 했다.	265(98.1)	3(1.1)	0	0	2(0.7)	0
10. 나에게 성교를 요구하거나 성교를 했다.	261(96.7)	4(1.5)	2(0.7)	0	0	3(1.1)

Note

* 전체적으로 볼 때, 여성 재소자들의 성 학대 경험은 신체적 학대나 정서적 학대, 방임의 경험보다는 낮은 비율을 나타내고 있음.

부록 3. 여성 재소자의 사회적 지지도 문항별 빈도분석 결과

(n = 270)

내 용	전혀 그렇지 않다	상당히 그렇지 않다	대체로 그렇지 않다	보통 이다	대체로 그렇다	상당히 그렇다	매우 그렇다
가족이나 친지, 지인들이 내가 잘 지내고 있는지 관심을 표현한다.	6(2.2)	1(.4)	2(.7)	44(16.3)	66(24.3)	55(20.4)	96(35.6)
가족이나 친지, 지인들이 나를 존중해 준다.	7(2.6)	0	7(2.6)	50(18.5)	66(24.4)	50(18.5)	90(33.3)
가족이나 친지, 지인들이 나를 염려해 준다.	3(1.1)	1(0.4)	2(0.7)	35(13.0)	68)25.2)	55(20.4)	106(39.3)
가족이나 친지, 지인들이 나에게 필요한 정보와 충고를 준다.	7(2.6)	1(0.4)	7(2.6)	50(18.5)	74(27.4)	51(18.9)	80(29.6)
내가 너무나 많은 일을 한꺼번에 해야 할 때 주위 사람들이 도와준다.	4(1.5)	1(0.4)	8(3.0)	36(13.3)	90(33.3)	63(23.3)	68(25.2)
중요한 고민이나 감정 등을 털어 놓고 싶을 때 주위 사람들이 내 이야기를 들어 준다.	9(3.3)	2(0.7)	7(2.6)	35(13.0)	90(33.3)	54(20.0)	73(27.0)
가족이나 친지, 지인들과 다툰다.	137(50.7)	34(12.6)	12(4.4)	87(32.2)	0	0	0
가족이나 친지, 지인들이 나의 신경을 건드린다.	161(59.6)	24(8.9)	5(1.9)	80(29.6)	0	0	0
가족이나 친지, 지인들이 나의 생각이나 느낌을 잘못 이해한다.	149(55.2)	28(10.4)	7(2.6)	86(31.9)	0	0	0
내가 옳다고 생각하는 것과는 달리 못마땅한 방식으로 주위 사람들이 일을 처리한다.	147(54.4)	20(7.4)	20(7.4)	94(34.8)	0	0	0
가족이나 친지, 지인들이 나를 불쾌하거나 화난 태도로 대한다.	194(71.9)	22(8.1)	3(1.1)	51(18.9)	0	0	0

부록 4. 여성 재소자의 정신건강 서비스에 대한 문항별 빈도분석 결과

	내 용	N	전혀 필요하지 않다	별로 필요하지 않다	보통이다	약간 필요하다	매우 필요하다
위기 개입 서비스	응급상황 발생시 조치	269	10(3.7)	7(2.6)	52(19.3)	30(11.2)	170(63.2)
	자살 예방	269	27(10.0)	21(7.8)	53(19.7)	40(14.9)	128(47.6)
일상생활 훈련	일상생활기술 훈련	270	10(3.7)	6(2.2)	59(21.9)	60(22.2)	135(50.0)
	사회기술 훈련	270	11(4.1)	6(2.2)	62(23.0)	67(24.8)	124(45.9)
	사회적응기술 훈련	270	12(4.4)	8(3.0)	68(25.2)	61(22.6)	121(44.8)
직업 관련 서비스	직업 훈련	270	7(2.6)	2(0.7)	62(23.0)	37(13.7)	162(60.0)
	직업 알선	269	9(3.3)	8(3.0)	69(25.7)	39(14.5)	144(53.5)
	취업 후 사후관리	267	8(3.0)	10(3.7)	71(26.6)	45(16.9)	133(49.8)
의료 서비스	신체건강에 대한 정기적 진료	270	6(2.2)	5(1.9)	47(17.4)	31(11.5)	181(67.0)
	교도소 병원 치료	270	5(1.9)	2(0.7)	46(17.0)	27(10.0)	190(70.4)
	외래 병원 치료	270	8(3.0)	1(0.4)	40(14.8)	29(10.7)	192(71.1)
정신과 의료 서비스	증상 발생시 응급 처치	268	5(1.9)	2(0.7)	45(16.8)	30(11.2)	186(69.4)
	약물 치료	270	11(4.1)	4(1.5)	67(24.8)	45(16.7)	143(53.0)
	입원 치료	269	12(4.5)	6(2.2)	61(22.7)	38(14.1)	152(56.5)
상담 서비스	개인 상담	270	10(3.7)	6(2.2)	56(20.7)	46(17.0)	152(43.7)
	집단 상담	269	23(8.6)	26(9.7)	86(32.0)	50(18.6)	84(68.8)
	진로/직업 상담	269	15(5.6)	11(4.1)	79(29.4)	44(16.4)	120(44.6)
	위기 상담	269	16(5.9)	13(4.8)	82(30.5)	42(15.6)	116(43.1)
	가족 상담	269	14(5.2)	12(4.5)	77(28.6)	41(15.2)	125(53.5)
	심리검사·성격검사	269	18(6.7)	11(4.1)	84(31.2)	47(17.5)	109(40.5)
	예술 치료	268	21(7.8)	9(3.4)	89(33.2)	41(15.3)	108(40.3)
	정신치료극	266	23(8.6)	16(6.0)	90(33.8)	42(15.8)	95(35.7)
교육 서비스	성, 에이즈 등 교육	268	29(10.8)	21(7.8)	10(40.3)	40(14.9)	70(26.1)
	학과교육·검정고시	268	16(6.0)	13(4.9)	82(30.6)	41(15.3)	116(43.3)
	약물, 알코올 관련 교육	267	29(10.9)	25(9.4)	96(36.0)	30(11.2)	87(32.6)
	부모 교육	269	19(7.1)	20(7.4)	82(30.5)	43(16.0)	105(39.0)
	지역사회에 대한 교육	267	20(7.5)	23(8.6)	96(36.0)	39(14.6)	89(33.3)
여가 및 문화생활	TV 시청, 신문·잡지 읽기	270	7(2.6)	4(1.5)	51(18.9)	35(13.0)	173(64.1)
	게임, 스포츠	269	15(5.6)	6(2.2)	65(24.2)	47(17.5)	136(50.6)

배다현

▌약 력

부산대학교 심리학과 학사
한동대학교 상담심리대학원 석사

재소자의
정신건강

초판인쇄 | 2009년 12월 29일
초판발행 | 2009년 12월 29일

지 은 이 | 배다현
펴 낸 이 | 채종준
펴 낸 곳 | 한국학술정보㈜
주   소 | 경기도 파주시 교하읍 문발리 파주출판문화정보산업단지 513-5
전   화 | 031) 908-3181(대표)
팩   스 | 031) 908-3189
홈페이지 | http://www.kstudy.com
E-mail | 출판사업부   publish@kstudy.com
등   록 | 제일산-115호(2000. 6. 19)

ISBN   978-89-268-0684-5 93330 (Paper Book)
        978-89-268-0685-2 98330 (e-Book)

내일을여는지식 ▌은 시대와 시대의 지식을 이어 갑니다.